RAZÕES PELAS
QUAIS FUI DESCARTADO

A JIHAD DA
ECONOMIA

Jo M. Sekimonyo

Cambridge   Boston   Nueva York

venusflytrappress@gmail.com

www.ethosism.com

Venus flytrap Press, LLC
Apartado postal 390780
Cambridge, MA 02139

Venus Flytrap Press pode trazer o autor para o seu evento ao vivo.

Editor: Tara Casimir

Tradução: Ellen Bussaglia

Design da capa por Shirley Hernadez

Design de interiores por Ellie Firestone

Inclui referências bibliográficas e

índice.
1. 1. Etosismo 2. Economia Política Capitalismo Barbarie
4. Teoria da abstinência 5. Common Sense I. Título

Número de controle da Biblioteca do Congresso: 2018911881

ISBN: 978-0-9908674-5-6 (Rústico)
ISBN: 978-1-5475454-8-3 (Ebook)

CONTENITO

Carta a Mama Vincent   ix
Prefácio   xiii
Agradecimentos   xv
Avant-propos   xix

Part I
SOCIAL
  Interlúdio I   3
1. Introdução   5
2. Kamikaze   14
3. Vejo gente pobre   25
4. Gangnam Style   45

Part II
POLÍTICO
  Interlúdio II   65
5. Falsas profecias   67
6. Corruptibilis   87
7. Mohamed Bouazizi   96

Part III
ECONÔMICO
  Interlúdio III   115
8. Say Whaaat?! (Sei o quê?!)   117

Part IV
MUDANÇA DE PARADIGMA
  Interlúdio IV   141
9. Não Descanse em Paz   142
10. Os diamantes são os melhores amigos de uma   148
    mulher

11. Segure o meu dedo   162

Part V
NOVO TESTAMENTO
Interlúdio V   179
12. O Estado atual e rude da sociedade   181
13. Abracadabra   196

Nas Alturas   221
Completo   225
E por fim   227
Notas   229

"Se for dizer a verdade às pessoas, é melhor fazê-las rir. Caso contrário, elas o matarão."

    - Humano

CARTA A MAMA VINCENT

"Existe uma tendência comum de ignorar os pobres ou desenvolver uma racionalização para a sorte dos afortunados."

-John Kenneth Galbraith

Prezada Mama Vincent,

Se esta carta chegar de surpresa para você, então você não tem ideia da profunda impressão que nosso encontro teve na nossa vida desde aquele dia. Enfrentar o mal-estar global impediu minha esposa e a mim de navegar com a consciência tranquila ao redor do oceano do abstrato. Parabenizo-a sinceramente por assumir total responsabilidade das decisões ruins que tomou na sua vida, mas eu seria tolo ao acreditar que as suas falhas são tudo o que restou para a história. Na verdade, desde que nasceu, você já estava em desvantagem, e sei como essa parte do mundo é impiedosa com mães solteiras e analfabetas. Vincent poderia facilmente estar no meu lugar se eu tivesse chegado nas mãos de minha mãe.

Querida, por trás de seu lindo sorriso e seu riso alegre, vi uma dor excruciante. Você ainda tem sua vida pela frente. Não deve ser uma figura anônima, desistir de seus grandes sonhos e aspirações. Então, novamente, segurando Vincent nos meus braços, sob os olhares atentos dos policiais que passavam, por um momento compartilhei de sua agonia e desespero.

A maneira como você descreve seu filho Vincent como sua razão de viver é comovente. A maioria dos jovens de sua idade usam declarações tão pungentes para se referir à linda pessoa que acreditam que sejam suas almas gêmeas, a mesma pessoa que acabaram por descartar por algum motivo blasé com pouco ou nenhum remorso. Pior ainda, é revoltante ouvir adultos que reduzem o significado da vida a emoçõesefêmeras. Ainda assim, não posso ignorar que sua realidade no Quênia é muito diferente das pessoas do meu mundo atual.

Você confessou-nos que, às vezes, se sente desesperada, uma pária percorrendo as ruas na vibrante cidade de Nairobi, que decidiu criminalizar a pobreza. Não é de se admirar que a tolerância zero de Nairobi com os abandonados tenha criado o maior aterro sanitário de pobres em toda a região oriental da África, a favela de Kibera. No entanto, fico triste em dizer que existem outras e piores Kiberas em torno deste planeta azul sufocante, o que também não lhe serve de consolo. Nas minhas viagens, vejo inúmeras mães jovens com seus filhos em toda a República Democrática do Congo e em todos os cantos de Addis Abeba, Etiópia, e homens em uniformes desbotados mendigando nas ruas principais de cidades em ruínas nos Estados Unidos da América.

Estive numa viagem investigativa dissecando as dificuldades sofridas pelos brasileiros que vivem na Cidade de

Deus, os habitantes de Cite' Jalousie em Porto Príncipe, no Haiti, antes e depois do terremoto devastador, os romenos em Blagoevgrad, na Bulgária, os russos que se aglomeraram no Gueto da cidade de Tver, perseguidos em Khayelitsha, África do Sul, e os pobres na cidade murada de Kowloon, Hong Kong, China. Fiquei surpreso com a resiliência dos moradores com as cidades infectadaspelo crime epela pobreza, como Detroit, nos Estados Unidos, e San Salvador, capital de El Salvador. E é triste dizer que, em todo o mundo, há bilhões de pessoas, que como você, passarão suas vidas inteiras sofrendo com pobreza, fome, falta de moradia e abuso que provavelmente ocorrerão nas mãos dos policiais.

Tara e eu estamos conscientes de que as poucas notas de xelins quenianos que lhe demos foram o equivalente a refeições escassas e um abrigo por apenas alguns dias. Depois disso, o que você e Vincent provavelmente tiveram que fazer para sobreviver foi voltar às ruas de Nairobi, à mercê de outras almas compassivas. Lamentamos profundamente que não podemos resgatá-la assim como os outros desse pesadelo.

Depois de passar distribuindo meus trocadosaos cegos e asfixiados pela miséria, perguntei repetidamente, o que mais posso fazer?! Histórias sobre desigualdade são contadas o tempo todo. No entanto, decidi mexer no debate por um novo caminho que poderia dar a Vincent e outras crianças inocentes como ele a chance de uma vida decente. Meu mantra é que Vincent não deveria ter apenas um teto sobre a cabeça, mas um lar, não apenas água, mas bebidas limpas, não apenas comida, mas refeições saudáveis, não apenas uma sala de aula, mas uma educação de qualidade. E todos estes fatores devem por fim levá-lo a não apenas um emprego, mas pelo menos auma recompensa de vida universal por suas habilidades. Menos do que isso seria considerado como fracasso da humanidade e uma tragédia contínua!!!

Atenciosamente,

Jo M. Sekimonyo

PREFÁCIO

Os imitadores de Maharishi classificaram o Capitalismo, o Socialismo e o Comunismo como instrumentos econômicos. E esta fala econômica melodramática, exaustiva e pomposa destesfarsantespomposos não foi nada além de bobagem. Este livro remete à verdadeira essência do capitalismo, socialismo ou comunismo, uma encarnação de um credo sócio-político-econômico.

AGRADECIMENTOS

"Se você quer mudar o mundo, pegue sua caneta e escreva."
- Martin Luther King Jr.

Tara e eu nos conhecemos em Tampa, na Flórida. Ela havia embarcado numa ótima carreira que exigia longas horas em pé, mas proporcionava a segurança financeira que seus pais, imigrantes haitianos, sonhavam. Por outro lado, eu era um idealista lunático hippie, que meu pai achava esquisito. De alguma forma, consegui convencê-la a deixar a vida estável e cotidiana para atirar-se comigo no lado escuro. O que realmente passou pela cabeça dela para apostar em mim e nas perspectivas de graduação? À medida que as especulações diabólicas alavancaram, nos mudamos para o nordeste dos Estados Unidos; que alivio.

Nossa primeira neve foi, no mínimo, interessante para mim. Foi a primeira vez que Tara me lançou o "olhar de assassino em série", segurando uma faca afiada e sem dizer uma palavra por um minuto. Imagine que, mesmo dormindo, eu teria um ataque de raiva denunciando o fosso crescente entre o "ter muito" e o "nada ter" em todo o mundo. Mal sabia eu que minha adorável esposa estava farta dos meus sermões e lamentos do mal-estar sócio-político-econômico global, e mais, de meus planos para apresentar ao mundo o que eu acredito ser o remédio. Claro, eu fazia anotações em zilhões de papéis que se espalhavam em nosso escritório, pausando para reunir energia e disciplina para completar um manuscrito. Um amigo da família até sugeriu que colocasse minhas ideias em um livro para que pudesseganhar seguidores. Criar um culto? Uma ideia absurda na época. Por mais que me doa admitir, Tara estava certa. Eu haviadito aquilo há anos, era hora de seguir o caminho, ou neste caso, escrever.

Por que o título deste livro não é "Codex Gigas da Economia"? Bem, Nassau Senior me passou a perna ao escrever a bíblia econômicado diabo. Descartado? A Jihad da Economia? Sua mente preguiçosa deve estar correndo atrás de certa conclusão. Calmantes serão úteis nesta jornada. Este livro escava desafios de longa data que gerações de economistas indolentes e suas equipes suprimiram ou apontaram na direção errada por dois séculos. Esta não é uma paródia clandestina, nem uma demonstração insensível de proeza, mas uma dissecção genuína e provocativa do nosso mundo e da disciplina econômica.

Além da minha raiva e ansiedade, tenho que agradecer às pessoas que sentam-se por acaso ao meu lado nos ônibus durante minhas frequentes e cansativas viagens, e com as quais tive algumas das conversas mais memoráveis da minha existência. Entre elas, o diretor de uma universidade que proferiu palavras muito duras sobre o ganhador do Prêmio Nobel de economia, Milton Friedman, por ter vindo de uma humilde família judaica de Nova York e "se transformou num idiota" (em suas palavras). Também ao meu molho especial de ingredientes, amigos e inimigos que foram impulsionados pelo apetite insaciável de provar que minhas ideias eram loucas. Vocês me ajudaram a fortalecer meus argumentos e convicções. Eu amo vocês, senhoras e senhores.

Acima de tudo, sou mais do que grato a minha esposa, minha parceira no crime, por suas táticas excessivas mas eficazes para que eu empreenda a tarefa assustadora de escrever este livro.

AVANT-PROPOS

A relevância da economia heterodoxa está mais do que nunca ameaçada. Vários programas econômicos heterodoxos já foram dissolvidos. Se as instituições que estão imersas nesta escola do pensamento econômico permanecerem na mesma faixa e não ajustarem seu objetivo de produzir economistas que aspirem a se tornar teóricos e pensadores bem-sucedidos, que se tornem pragmáticos bem-sucedidos, humanos racionais, seu papel nesse ambiente mundial competitivo ficará obsoleto. O fim da economia heterodoxa também pode ser o melhor para o reavivamento do institucionalismo ou ainda, a adoção e disseminação das instituições do Etosismo, um fluxo moral mais lúcido e relevante.

I

SOCIAL

INTERLÚDIO I

*"Nosso medo mais profundo não é que sejamos inadequados.
Nosso medo mais profundo é que sejamos poderosos além da
conta. É nossa luz, não a nossa escuridão que mais nos
assusta. Nos perguntamos: quem sou eu para ser brilhante,
lindo, talentoso e fabuloso? Na verdade, quem é você para não
ser? Você é filho de Deus. Dar o mínimo de si não serve o
mundo. Diminuir-se para que outras pessoas não se sintam
inseguras ao seu redor não é nada abençoado. Todos nós
fomos feitos para brilhar, como as crianças. Nascemos para
manifestar a glória de Deus que está dentro de nós. Não só
alguns de nós; todos nós. E enquanto deixamos nossa luz
própria brilhar, inconscientemente damos permissão a outras
pessoas para fazer o mesmo. Ao sermos liberados de nosso
próprio medo, nossa presença liberta os outros automati-
camente."*

Esta citação inspiradora de Marianne Williamson é de seu
livro Um Retorno ao Amor, Editora Novo Paradigma,1992, Capítulo 7, Seção 3. Embora Nelson Mandela
nunca tenha pronunciado esta citação em seu discurso

inaugural de 1994, para minha geração, é para sempre ligado a ele. Se alguma coisa deve ser objetivamente dita sobre o seu único mandato como Presidente da África do Sul, seu covarde método do arco-íris sobre a dissolução do apartheid o tornou o campeão do branco burguês sul-africano. E, é claro, se alguém simplesmente tenta analisá-lo no contexto de um homem que passou vinte e sete anos na prisão sem implorar aos seus senhores por um perdão ou quebrar o crânio de outro preso, ele, em essência, merecia ser considerado uma das figuras míticas do poder da convicção que exemplifica a força do caráter exigido na luta contra a desigualdade sócio-político-econômica. *Que outra maneira melhor de passar para a próxima fase desta expedição?*

1

INTRODUÇÃO

~ ❖ ~

"A arte é uma tentativa de integrar o mal."
- Simone de Beauvoir

E u não ouço CDs. Toco músicas antigas em vinil.
Observando atentamente pelas de lojas de objetos
usadosa pocura de um Sam Cooke, um Wendo Kolosoy,
um Thelonious Monk, um Eduardo Sanchez de Fuentes,
um Jimmie Rodgers, um Notorious BIG, um Mikhail
Glinka, um Mariam Makeba, um Nana Mouskouri, um
Fela Kuti, um Claude Debussy ou Sergei Sergeyevich
Prokofiev é tão reconfortante quanto a ioga. Valorizo as
batidas autênticas de música folclórica peruana e os instrumentos musicais mongóis mais do que um artista popular
do funk ou uma exposição de colheres torcidas eenferruja-
das. Para mim, qualquer forma de expressão que deixa de

ser uma experiência e se torna uma forma de arte perde sua divindade brilhante. No mesmo tom, este livro é uma experiência, e não um exercício artístico acrobático destinado a ser lembrado.

Fui excomungado de uma longa lista de casas de chá e bares sob a falsa acusação de ser feiticeiro marxista ou a encarnação de Ferdinand Lassalle. O público em geral relaciona erroneamente um exame de status quo econômico com bravura anticapitalismo baseado numa paranóia aguda do livro de Karl Marx "Das Kapital". Se você não acredita em mim, tente iluminar as facetas mais feias do capitalismo, e bum, receberá o ostracismo da sociedade como comunista. No entanto, numa conversa sobre uma nova e robusta alternativa ao capitalismo, você só atrairá olhares assustados das autoproclamadas reencarnações de Marx. O que podemos dizer sobre as rinhas tediosas entre as divindades do capitalismo do nosso tempo? Você deve estar tão enjoado quanto eu desses shows de palhaços que eliminam a substância dos diálogos de disparidade econômica. Minhas reclamações podem se transformar num tsunami, mas há eventos em nossas vidas que, embora pequenos, revelam-se muito significativos.

Em trânsito no Aeroporto Internacional de Kenyatta em Nairobi, no Quênia, esperando meu vôo de volta para os Estados Unidos, uma vez me perguntaram o que eu queria ser quando crescesse. O homem estava sentado em frente à na minha mesa. Ele devia beirar os setenta anos. Pelos seus traços e seu sotaque, eu diria que ele era de Ruanda, uma nação que vários relatórios das Organização das Nações Unidas e outras organizações não-governamentais de defensores apontariam como sendo o mentor dos horrores políticos e sociais do meu país de origem. Você poderá entender minha raiva depois que fui informado sobre como Ruanda forneceu apoio financeiro e militar aos grupos de bandidos sádicos e, em troca, saqueou diretamente os recursos naturais congoleses e indiretamente tornou-se um centro para o comércio de mineração.

Naquele dia, fiquei assombrado por uma pergunta: quantos golpes e vidas perdidas a República Democrática do Congo devemcustar até que o mundo dê um basta? Com um tom irritado, minha resposta à sua pergunta foi audaz e simples: "Quero me tornar um líder na República Democrática do Congo". Enquanto lutava para conter sua alegria, ele perguntou quais seriam minhas soluções para a RDC. Afinal, meu país de origem passou por mais de meio século de caos econômico e social. Primeiro, expliquei minhas ideias alegremente. Ele arrumou os óculos e me pediu para falar mais sobre o meu plano. Ném é necessário dizer que quanto mais eu falava, mais ingênuo e tolo eu parecia. No final, não consegui articular claramente minha visão pelo motivo de nunca ter pensado seriamente em detalhes. Todo o meu esquema não suportaria qualquer escrutínio. A conversa casual tornou-se uma experiência humilhante e embaraçosa.

Este livro emana das disciplinas econômicas sequestradas por artistas de fuga e matemáticos há mais de dois séculos. Por todas as razões erradas, os economistas explodiram em um milhão de pequenos fragmentos dos Santos Graais da clássica Teoria do Valor do Trabalho e eliminaram o humanismo e o mundo real de bases teóricas. Então eles tomaram a dor de costurar algumas das peças de volta, usando suposições patéticas como Band-Aids. Há uma verdade na acusação isolada do marxista Fred Moseley de que o sistema econômico foi criado para recompensar pessoas que ficam com o convencional. Este bom homem é o Shoichi Yokoi da economia, privado de fama e fortuna, escondido nas selvas de South Hadley, em Massachusetts. Ele acreditava firmemente que seus ex-camaradas um dia lhe devolveriam e, juntos, lançariam um último ataque ao capitalismo. Ora, simplesmente castigar a ortodoxia pela inaptidão de sua teoria, não pode restaurar a visão clássica de um mercado eficiente nem levar-nosà Terra Prometida.

Comecei este livro com uma nota pessoal de uma carta a Mama Vincent. Ela é uma mãe solteira adolescente e sem teto que minha esposa e eu conhecemos no centro de Nairobi, no Quênia. Certo momento, tive que segurar Vincent em meus braços para que os policiais fossem embora. Minha eminência turística no Quênia protegeu Vincent e sua mãe do assédio policial; a cidade de Nairóbi aprovou uma regulamentação que criminaliza a pobreza em vez de instaurar uma guerra contra a desigualdade. Este apartheid da era moderna não chama a atenção porque os oprimidos e os opressores têm a mesma cor da pele. Muitas outras cidades estão tomando a mesma abordagem insana e a mantêm, desde que a linha desenhada não profane o enterro das disputas raciais ou étnicas.

Na minha infância, tinha plena noção de que a disparidade socio-político-econômica era ditada pelas leis da natureza. Alguém tinha que ser pobre para serviraos ricos! Em meados dos anos 1990, os congoleses ricos buscaram refúgio da guerra civil no oeste. Sou testemunha de como, em um piscar de olhos, a maioria dessas famílias perdeu seu estilo de vida acostumado ao luxo. Depois de viver durante quase duas décadas no exílio, mesmo os generais mais poderosos e o círculo interno do ex-presidente gradualmente sucumbiram à miséria incapacitante. Não surpreendentemente, vários barões e cruzados do antigo regime voltaram para casa e estão vigorosamente ativos no novo sistema de parasitas. Meu sábio amigo sul-africano referiu-se a uma lei da natureza para explicar este ciclo: "Uma vez uma cobra, sempre uma cobra!"

O testemunho pessoal é demonstrar a verdade universal condenatória que as pessoas e as nações estão mais preocupadas consigo mesmas até a sorte mudar. Isto vale para a "Ocupação de Wall Street" depois que os americanos foram sacudidos de seus sonhos de casas com cercas de madeira e a classe trabalhadora viu suas pensões serem completamente destruídas por alguns vagabundos gananciosos. Outro exemplo cáustico é o pequeno grupo da oligarquia russa que desde que perderam a admiração de Vladimir Putin, que não consegue parar de pregar a justiça feroz e a igualdade de seu exílio dourado em Londres. O que dizer sobre os países europeus que fazem malabarismos com dívidas superiores ao seu valor (Produto Interno Bruto)? Adicione a este cenário o Brasil, a Rússia, a Índia e a China, os BRICs, que estão passando a vapor seu crescimento econômico no perigo da Mãe Natureza. Junte neste caldo a geração árabe que não está mais contente com a pequena fatia de suas riquezas nacionais, enquanto uma minoria derrota o resto, está tentando mudar o jogo.

Estes vulcões borbulhantes recentes devem despertar nossa sensação de que medidas preventivas devem ser procuradas para quebrar o status quo. No século XXI, o discurso lento dos economistas "Estaremos bem enquanto o curso atual continuar e ajustar a roda do Capitalismo um pouco mais", há muito perdeu sua potência e relevância. Mais do que nunca, éimperativo iniciar uma revolução cultural e desenvolver uma alternativa real ao sistema sócio-político-econômico brutal e primitivo predominante que é o Capitalismo.

A mistura ruidosa em minha mente resultou do desafio comum enfrentado por cada nação neste planeta moribundo: injustiça sócio-politico-econômica (disparidade para qualquer um). Este é o resultado de uma cruzada dolorosa para descobrir uma maneira pragmática de tornar o espaço em branco insignificante. Não comece a arrancar os cabelos.Não estou completamente louco, defendendo pular de volta na sela de qualquer um dos dois cavalos mortos. O Socialismo eo Comunismo falharam, mas agora o Capitalismo está acabando conosco.

Este livro o levará a uma série de labirintos escuros e complexos. Acredito firmemente que os economistas devem deixar para a religião e a medicina o principal objetivo de descobrir mistérios naturais e não-naturais, ao mesmo tempo que nos consolam ou abusam pelo caminho. A responsabilidade da economia é encontrar remédios para nivelar, retalhar e acumular antes de qualquer vagabundagem cerebral. Em vez disso, reduziu-se a uma inclinação sócio-politico-econômica glorificadora.

Venho percebendo o ceticismo sobre se alguma forma social, política e econômica diferente do Capitalismo funcionaria. Hoje em dia, as pessoas não conseguem perceber que o capitalismo fazia parte de paradigmas baseados em normas e práticas sociais bárbaras. Écerto que quando um acordo social domina um campo por tanto tempo quanto oCapitalismo, torna-se mais fácil esquecer que outros modelos, que abordam diferentes objetivos e questões, existem ou podem ser construídos. Depois que todos começamos a acreditar que existe apenas uma maneira de fazer as coisas, esta é a isca mais perigosa de todas.

Onde está o livro mágico para descobrir como quebrar

o feitiço? Como um touro furioso, para a descrença de amigos e colegas, interrompi abruptamente minha promissora carreira de prostituição intelectual e saltei para o que parecia ser vagabundagem acadêmica. Meu objetivo inicial era traçar todo o sistema de comércio de contabilidade, finanças, gestão e terminar em economia. Enquanto mergulhava na última etapa planejada da minha jornada, eu estava enjoado dos "gurus" econômicos que passaram mais tempo alegando correlação incidental para impressionar o público em vez de explicar de forma clara e concisa os mecanismos e remédios sócio-político-econômicos para problemas econômicos globais. Lamentavelmente, a preguiça destes oradores prejudicou o ponto de vista da audiência. O que posso compartilhar da minha experiência com alguns de vocês, que estão pensando em questionar a forma dominante de negócios e comércio hoje, o Capitalismo, não esperem uma saudação efusiva.Estejam prontos para enfrentar o furor dos McCarthystas delirantes, como costumo enfrentar!!!

Deixei a classe de economistas e políticos desleixados e mentalmente preguiçosos para andar cuidadosamente em torno de problemas graves. Em vez disso, vocês, os leitores, e eu, nadaremos contra a corrente atual. Os capítulos um a seis são exposições do caso contra o status quo social, político e econômico atual − o Capitalismo. E se eu o ver do outro lado do capítulo sete, segure firme a minha mão dos capítulos oito a dez, onde destruo os fundamentos subliminais do capitalismo. Relaxe para digerir o capítulo onze e prepare-se para um grande tapa no rosto. Sobre o argumento final, o capítulo 12 segue a recomendação de James Tobin: "Os bons papéis na economia contêm surpresas e estimulam o trabalho futuro".

O quê mais? Escrevi este livro da maneira mais fácil de

se ler do que a tabuada do um. Cada capítulo estreia com citações dando uma pista do que esperar e "interlúdios" exclamativos entre as partes para despertar jovens leitores com curtos períodos de atenção e adicionar um entusiasmo de novidade para os entusiastas literários. Devo confessar a aqueles que esperam gráficos e números coloridos e aos economistas viciados em cetamina (modelos matemáticos),que me desculpem por decepcioná-los. No entanto, uma coisa é certa, não hesitei em nenhum momento. Ah, sim, não desperdicei minha energia no discurso dos economistas do século XX. Não é necessário provaro estrume para confirmar que é esterco; o cheiro de falsidades é suficiente para discerné-lo como tal.

A ideia de escrever um livro é equiparada a ficar nu na frente de uma grande plateia. Nunca tive problema para fazer isso. Mas minhas constantes batalhas interiores através dessa experiência consistiram em sincronizar meu coração com minha mente. Isto mostra que tive que superar a tentação de ser guiado unicamente por paixão ou visão. Tanto a intensidade como a precisão são essenciais neste empreendimento para criar um conceito central pertinente. Lembre-se, na vida, a paixão sem visão é um desperdício de energia, e a visão sem paixão é um beco sem saída.

Swami Vivekananda,uma alma brilhante, muitas vezes cantava tão eloquentemente: Pegue uma ideia. Faça dessa ideia sua vida - pense nela, sonhe com ela, viva essa ideia. Deixe o cérebro, os músculos, os nervos, cada parte do seu corpo encher-se dessa ideia, e apenas deixe todas as outras ideias de lado. Este é o caminho para o sucesso. "O mundo poderia um dia conhecer a magnitude dos sacrifícios que fiz para cultivar essa ideia que realmente me preocupa, uma solução para a grave injustiça sócio-politico-econômica global. No entanto, a âncora deste livro seria em vão sem fornecer uma alternativa encorpada ao capitalismo, umafórmula que possa consertar justamente os economistas socialmente conscientes. Já é tempo de trazer análises dialéticas sem canalizar demônios econômicos. Acima de tudo, espero que este livro estimule um número de pessoas a discutir e promover a solução proposta neste livro, ou a dar uma vida criativa a outro caminho longe do capitalismo. E que William Godwin possa, finalmente, descansar em paz."

2

KAMIKAZE

"Sou o mais sábio dos homens, porque sei que nada sei."

- Sócrates

Alguns anos atrás, enquanto andava por uma rua precária e deprimente de Addis Abeba,na Etiópia, a visão de uma mãe adolescente e frágil e uma criança suja, dormindo enrolada em suas costas com um pedaço de tecido instantaneamente transportou minha mente de volta para a minha "Waterloo", minhaderrota intelectual, no Aeroporto Internacional Kenyatta em Nairobi. Foi então que me aconteceu - Eureka! Ainda naquele dia, eu estava longe de anos de umavoltainvestigativa de montanha-russa para articular claramente uma cura para a decomposição das classes sociais que atormenta todas as sociedades.

Depois disso, investi tempo, dinheiro e energia para ter um senso real dos problemas que as pessoas enfrentam em todo o mundo. Para isso, Tara e eu viajamos tanto quanto podíamos pagar, lemos abundantemente e passamos horas colados à tela do televisor assistindo documentários. Uma das minhas cruzadas nos levou pela região Subsaariana e Oriental da África (SSOA), e ficamos surpresos com os muitos desafios da região, que transcendem os limites geográficos. A característica primordial dos países da SSOA é uma mamba exótica com duas cabeças: corrupção e repressão. Pode-se culpar os governos disfuncionais da região, que são essencialmente usados como um aparelho para consolidar o poder e a riqueza dentro de algumas famílias governantes. Em suma, os serviços públicos em toda a SSOA são uma piada desastrosa.

No entanto, há muitos dedos para apontar o caos organizado da SSOA. Tais práticas de gestão extremamente pobres são do próprio projeto das nações da SSOA ou impostas a elas de fora, como suspeito, para impedir o desenvolvimento interno e regional. E ao percorrer diferentes cidades do hemisfério ocidental, notei a mesma gangrena que encontro em países africanos ou latino-americanos. Sinceramente, você acharia que o estado de Illinois ficava na Nigéria quando o ex-governador Rod Blagojevich foi mandado para a prisão por tentar vender ao quadragésimo-quarto presidente dos Estados Unidos, Barack Obama, seu antigo senador. E os escândalos reportados dos BRIC têm proporção épica. Não sou um grande fã de futebol, mas esperava que os empreiteiros brasileiros burlassem a Copa do Mundo de 2014, com estádios e pontes superfaturados que desmoronaram antes e durante a festividade sagrada. E não sei o que dizer sobre o escândalo na cidade do sul da China, Hengyang, que desencadeou a renúncia de quase todos os líderes do Congresso Popular da cidade. A prevalência de má gestão dos recursos ea auto-indulgência dos líderes resultaram em níveis globais sem precedentes de lixo financeiro.

"Um passeio casual por um hospício mostra que a fé não prova nada."

- Wilhelm Nietzsche

Na minha tour du poor monde, conheci estudantes dedicados do Ocidente que estavam prontos ou se preparavam para as viagens missionárias para aprimorar seus currículos ou aumentar suas chances de serem admitidos em uma prestigiada instituição de ensino superior. Eu me peguei observando belas fotos de celebridades da classe A, ou um porta-voz da caridade, que queria profundamente "salvar as pessoas" (embora, às vezes, mais animais do que pessoas). No entanto, a loucura não é nada comparada às aulas de graduação em engajamento público ou desenvolvimento econômico que tive no melhor lado do mundo, onde encontrei personagens ingênuas que se vêem como milagres e benfeitores dos países do terceiro mundo. Tão talentoso quanto esses indivíduos possam ser, as falhas em sua abordagem conceitual são a visão intolerável dos desafios e necessidades das nações menos desenvolvidas. Eles baseiam seus modelos de desenvolvimento na paixão profundamente enraizada pelo Capitalismo e pelo senso de superioridade cultural. Isto me lembrou o aforismo "se a única ferramenta que você tem é um martelo, tudo começa a parecer um prego".

O que é mais perigoso para as nações pobres do que os

ocidentais sabichões? Imigrantes de países que Deus esque-
ceu; conformistas auto-escravizados e adoradores, com o
pouco acesso aos confortos modernos e ao gosto ocidental
que adquiriram, que ousam verbalizar que viver com um
dólar por dia é "exatamente igual" em seus países de
origem. Encontrei uma alta concentração destes estúpidos
indivíduos na Inglaterra, onde o relato de Engel sobre as
condições de vida há apenas um século me deu um frio na
espinha. E nos Estados Unidos, que não era há muito
tempo um buraco de merda com um cheiro putrefato de
racismo, sexismo e fanatismo (o fedor ainda permanece no
ar). Por último, se você é um daqueles tolos de um regime
repressivo autoritário que caminha por uma rua iluminada
no oeste, encantado com o sentido viciante de proteção e
liberdade e, no entanto, tem uma firme convicção de que
as nações pobres precisam de um "homem forte" para a
paz e o desenvolvimento... Antes de ler o resto do livro,
arrependa-se!!!

Deve notar-se que, ao longo do tempo, uma sociedade
dominante sempre se vangloriou de prestigiado status de
"excepcionalismo". Eu aplaudiria esta coragem e bravura
se seus economistas assumissem as responsabilidades de
liderança de dissecar o mundo com precisão e, consequen-
temente, prescreverem intervenções efetivas que nos eleva-
riam. O que temos agora? Uma bagunça global
enfurecida, em que a Rentabilidade e o Produto Interno
Bruto (uma maneira insana de avaliar a melhoria da vida
dos cidadãos) estão no centro das principais iniciativas. E
tenho que destacar a desculpa usada, a "globalização",
uma vez que adicionou elementos de alcance e velocidade
na mistura. O que dizer sobre a humanidade quando,
repetidamente, as nações líderes fecham os olhos à imposição de práticas desumanas, que foi a escravidão nos

séculos passados e agora a auto-escravização é adicionada
à carga, desde que sejam beneficiadas?

Sinto raiva quando os ocidentais surpreendem-se de
que os programas de desenvolvimento, que são empurrados garganta abaixo de países problemáticos, não levam
aos resultados profetizados. Sinto ainda mais raiva quando
as soluções para as necessidades dos habitantes podem ser
abordadas de forma integrada. Em vez de suas mesas em
Washington, DC, os druidas econômicos limpam os dados
e desenvolvem modelos simplificados, que se abstraem da
complexidade da realidade observável.

Frequentemente, estudos críticos realizados por outros
membros do Fundo Monetário Internacional (FMI) e do
Banco Mundial deram provas sobre a eficácia dos principais programas das instituições financeiras internacionais.
Essas consciências culpadas denunciam como um país
economicamente fraco é tratado como um coma, levado às
pressas para uma sala de emergência da organização internacional, trancado em incubadoras financeiras desconec-
tadas e nocauteado por uma overdose viciante de ajuda, é
então molestado e espancado por necrófilos frenéticos e
usado como um campo de testes para programas de
reforma experimental irracional. Deus me livre, uma
nação vegetativa não mostra qualquer sinal de vida após
essas cirurgias desnecessárias de coração aberto como a
que a Argentina sofreu;ficará a mercê de abutres ferozes
que tentariam arrancar os olhos e os intestinos.

Qual é o antídoto comum injetado em uma nação,
uma vez considerada como um "estado falido"? Olhemos
para o Haiti, depois que o furacão Sandy atingiu aquela
nação vodu que já oscilava sócio-politico-economica-
mente por um século. Primeiro, foi colocada em quaren-
tena, sob a supervisão de olhos assustadores de uma tutela

internacional. Depois do que as nações poderosas impuseram através de douceur (eleições democráticas) a milhões de analfabetos, um bufão carismático cuja mais brilhante ideia era organizar comemorações carnavalescas em toda parte da pequena ilha de Hispaniola, enquanto decisões sérias eram tomadas unicamente pelo Banco Mundial e emissários do Fundo MonetárioInternacional. O crime sócio-político-econômico cometido no Haiti está longe de ser um caso isolado; os fundos de assistência internacional foram usados por nações predadoras para extrair esse tipo de concessões das nações incapacitadas, que muitas vezes não estão dispostas a oferecer em tempos saudáveis.

O que vimos no Haiti e em outros buracos negros, onde essas mesmas abordagens foram tomadas, é que os remédios produziram um resultado líquido pior do que o problema em si. Principalmente porque os cleptomaníacos e "parceiros" técnicos dessas nações geralmente implementam dogmas e reformas contraditórias que fazem com que os países pobres caiam mais. Eu não deveria ser o primeiro a dizer-lhe que as crias de John Maynard Keynes e Harry Dexter White assim como de outras instituições financeiras internacionais agem com o capricho dos seus apoiadores e dos interesses dos patrocinadores. Isso, por sua vez, leva a outra rodada de desperdício de recursos e má gestão desprezíveis. E se você gostaria de ter uma ideia da magnitude desta bagunça, faça um passeio pelo Cite'Jalousie, Porto Príncipe, no Haiti, e compare-a com as villas alugadas pelos"pacificadores" das Nações Unidas a poucas milhas de distância.

"Eu preguei como se nunca tivesse certeza de que

pregaria uma outra vez; como moribundo a moribundos."

- Richard Baxter

Hoje em dia, os economistas afirmam que uma teoria não pode ser desenvolvida, exceto de maneira puramente entorpecida; qualquer fenômeno que não pode ser reconstruído em um modelo matemático é considerado ilógico e destruído. Se, em certo sentido, nada é explicado, a menos que tudo seja declarado em um quadro de equações flexíveis, este livro é lido como uma carta suicida. No entanto, não estou deprimido o suficiente para pular na frente de um trem do metrô ou fazer uma viagem a um templo de monges budistas. Tenho que agradecer aos economistas clássicos e pródigos que não estavam inclinados a esta restrição e que esteticamente criaram princípios eminentes e, infelizmente na maioria dos casos, tratados diabólicos robustos.

Nos países do terceiro mundo, o contraste entre a miséria e o desespero de muitos e o nível de opulência e desperdício de poucos não é um resumo complexo, mas sim uma realidade observável em uma escala insana equivalente a uma abominação moral. Os revisionistas reverenciados ocidentais sob a égide de organizações internacionais como o PNUD (Programa das Nações Unidas para o Desenvolvimento) sugerem que os pesadelos dos países do terceiro mundo não têm nada a ver com a colonização. A desculpa patética é considerada como verdade mesmo quando vemos camadas sociais pós-coloniais refletindo o sistema de castas herdado do método de exploração implacável da colonização. E isso teve pouco efeito, além de impor um chefe de estado maníaco, para ajudar os marginalizados a fugir de um futuro sombrio. Isto é, a antropofagia socio-político-econômica (Capitalismo) é um conceito exógeno que não é adequado às realidades e potenciais dos países em desenvolvimento.

Na arena global do Capitalismo, a capacidade de uma nação para competir contra outras, pelo menos do mesmo tamanho, predetermina sua perspectiva de crescimento e desenvolvimento. A República do Burundi e o Reino da Bélgica, dois países de aproximadamente o mesmo tamanho e população, não podem ser mais separados economicamente. O PIB de Burundi é duzentas vezes menor do que a Bélgica. Além de dívidas torturantes acima do PIB do pequeno Reino, de que outra forma a Bélgica conseguiu essa proeza? Bem, precisamos recorrer a fatos históricos para explicar a vantagem comparativa da Bélgica em relação ao Burundi. O rei da Bélgica, Leopoldo II, preparou um esquema diabólico para acumular riquezas pessoal e nacional. Enquanto os alemães dizimavam as estruturas socioculturais do Burundi, de 1887 a 1965, o rei Leopoldo II da Bélgica e, posteriormente, a Bélgica como nação, saqueavam sadisticamente a riqueza de um território oitenta vezes seu tamanho, hoje conhecido como República Democrática do Congo. E depois da Segunda Guerra Mundial, o Burundi foi arrancado do domínio da Alemanha e dado à Bélgica pela Liga das Nações por suportar uma forma de colonização lúcida por seu grande vizinho.

Vale ressaltar, no entanto, que os países pobres não são minhas únicas evidências da bagunça global. Por um lado, as economias centralizadas falharam ao impor uma cesta uniforme de necessidades às pessoas, que fracassam em noventa e nove por cento no fundo. A extinta União Soviética implementou o comunismo perfeitamente até atingir um obstáculo, literalmente. Enquanto, por outro lado, o mercado livre nos decepciona com uma regra antiética da sobrevivência do mais capacitado, atendendo a um pequeno grupo de um por cento no máximo. A única vez, em lembranças recentes, que o congresso dos Estados Unidos reuniu-se de forma bipartidária foi para resgatar inúmeros bancos e companhias de seguros dos Estados Unidos "muito grandes para quebrar". Em contrapartida, em 2013, o mesmo congresso cortou bilhões de dólares do programa de cupons de alimentos que mantinha uma ponta do nariz da população dos Estados Unidos acima do nível de pobreza.

Quando você presta atenção ao cartão postal de transações financeiras globais, pode ver como o modelo do Capitalismo limitou os principais fluxos financeiros internacionais lucrativos nas mesmas economias. Outros países são reduzidos a meros fornecedores de matérias-primas e mão-de-obra mais barata. Mas pano cairá logo; ele está pesado demais. Em 2010, a General Motors fechou sua fábrica em Antuérpia, na Bélgica, devido ao excesso de capacidade na indústria automobilística europeia. Posteriormente, outras fábricas em diferentes áreas da Europa e da América do Norte fecharam suas portas.

"Koketsu ni irazunba koji wo ezu".

- Sabedoria japonesa

Apesar das respectivas doutrinas econômicas, Cuba e Inglaterra estão imprudentemente fazendo o certo. Na avaliação das duas linhas econômicas de ataques existentes (pobreza, poluição, guerra, etc.) sugere ao nosso senso de humanidade que nem as abordagens são o que é correto. Tive um vislumbre de esperança quando a ex-União Soviética e a China decidiram dar uma trégua, saindo da instituição penitenciária comunista, até que entraram diretamente nasinstalações psiquiátricas do Capitalismo, que é uma forma pura de insanidade!

Atualmente, o mundo carece de alternativas encorpadas e, após várias crises financeiras frenéticas, reconhecer a barbárie e as falhas do capitalismo não devem ser profanas. E, à luz dos fatos recorrentes, a austeridade e os gastos dos cataclismos financeiros mostraram não ser soluções sustentáveis, mas sim um lampejo da classe em dificuldade. Permito-me aqui dizer de forma mais simplista, que novos mercados precisam ser promovidos para rejuvenescer o sistema econômico global, mas ao fazê-lo, novas tendências precisam ser desenvolvidas para evitar o cataclisma final. Esta mudança requer a aplicação da forma sócio-politico-econômica apropriada que não só moverá os países "pobres" para o sistema de comércio internacional, como os espectadores explorados aos produtores e compradores ativos, mas também quebrar as relações atuais dos mercados da antiga ordem e da Nova Ordem Mundial.

Criativa como a humanidade é, eu esperariacontar com uma super-mulher para nos salvar a todos. Entãosoube que, em 1945, quando os navios de guerra e os porta-aviões americanos e britânicos se aproximavam do continente japonês, jovens comuns foram convidados a fazer o último sacrifício para salvar o império do sol nascente - suas vidas. O campo de vitimização construído sobre os ataques atômicos em Hiroshima e Nagasaki romantizou o destemor destes jovens. Então, novamente, ofendi ao chamar de kamikaze meus ataques ao cCpitalismo somente depois que soubea respeitodo massacre de

Nanjing e das mulheres forçadas a escravidão sexual para os militares japoneses.

Cansado de esperar por um apito que deterá nossa destruição autoimposta, não vou aborrecê-lo com os mesmos gemidos que você associará a críticas do Capitalismo ou injustiças sócio-politico-econômicas. Para estourar a sua bolha, a solução não é aumentar o salário mínimo, dar um osso a um cachorro, nem construir quartéis fiscais, Nezumi ko zo. Estes dois são nada mais do que remédios paliativos sócio-politico-econômicos. Para seu deleite ou indignação, vou expor seus poucos neurônios remanescentes a uma nova forma sócio-politico-econômica que potencialmente transpõe noções gerais, impulsionando noventa e nove por cento para o topo e cuidando do um por cento menos afortunado na base. E César, melhor dizendo, você, o leitor, teria que decidir o meu destino!

3

VEJO GENTE POBRE

Na minha opinião, de longe, a organização social mais assustadora é aquela dedicada a M. Night Shyamalan por um de seus seguidores obstinados. Para um indiano-americano alcançar sucesso tão alto como roteirista, produtor, diretor e estrela da classe A de Hollywood, e sem contar com o clichê de dançar e cantar no formato cinematográfico de Bollywood é impressionante. Eu, eu mesmo, sou um grande fã de seu filme inovador e famoso, O Sexto Sentido (1999). A bilheteria do filme sugere grosseiramente que não há muitos homo-sapiens que não assistiram. Para o resto de vocês que ainda viviam em gaiolas naquela época, o enredo soberbo é em torno de um menino, Cole, que tem a capacidade de se comunicar com espíritos que não sabem que estão mortos. Ele busca a ajuda de um psicólogo infantil deprimido, um papel desempenhado soberbamente por uma das maiores estrelas de Hollywood da época, Bruce Willis. O momento surpreendente do filme é quando a dirige-se lentamente para o rosto do menino, o ator infantil então desconhecido, Haley Joel Osment, e ele sussurra: "Eu vejo gente morta", transformando a fala imediatamente em uma das frases mais utilizadas daquela época.

Já faz algum tempo que me encontro enrolado em um dilema semelhante ao de Cole. Não há dúvida de que a cruzada em que embarquei me atraiu para experimentar a vida como nunca pensei. Deixe-me assegurar-lhe que a vida de um monge eremita ainda não me parece atraente. Porém, tenho que dizer que a expedição emocional quebrou minhas lentes da miopia de vida, o que me forçou a observar ao meu redor, confiando em todos os meus sentidos e aumentando meu estado de consciência. Depois de listar novas prioridades no meu cotidiano, hoje em dia, tenho dificuldade em dormir a noite toda, e minha mente voa a quilômetros de distância no meio de seminários e conversas monótonas. Quando você tem vozes irritantes em sua cabeça, apontando para a esquerda e para a direita, a vida se torna uma montanha russa selvagem. Me pergunto quando foi que o diabo me possuiu?! E não posso me dar ao luxo de contratar meu psiquiatra desanimado, e ainda menos Bruce Willis (bem que tentei). Com o objetivo de exorcizar meus demônios, espero que o encerramento de eventos críticos na minha vida simples me ajude a rastrear o gatilho original que levou à minha obsessão de cuidar dos menos afortunados. Não consigo parar de ver gente pobre!!!

Os pais de Tara, imigrantes haitianos, fugiram da vida difícil da cidade de Nova York para criar sua filha recémnascida no epicentro de aposentadoria dos Estados Unidos noSul daFlórida. Desde o momento em que Tara e eu nos conhecemos, ela estava louca para reverter o ciclo de migração de seus pais e falou meus ouvidos sobre a "Big Apple". Quando você adiciona a estratégia de incentivo da minha esposa à lista de nova-iorquinos egoístas que conheci na Flórida, começa a imaginar a cidade como se fosse a terra do leite e do mel; um nirvana onde as oportunidades e a emoção aguardam em todos os cantos. Para minha esposa, não nos mudarmos para a cidade dos sonhos, mas sim numa pitoresca cidade pequena em Massachusetts trouxe-lhe uma grande decepção. Ironicamente, eu me deslocava diariamente para a escola na cidade de Nova York. O programa de graduação em que me matriculei localizadava-se em Manhattan, bem na mistura de arranha-céus históricos e não muito longe da incansável Times Square, infectada de turistas o ano inteiro. Aprendendo com a minha experiência, tenho que advertir as pessoas que estão morrendo de vontade de dar uma bela mordida na "Big Apple" que antes de se mudarem para o norte, examinemdetalhadamente a loucura de que as pessoas mais velhas e as mais ricas estão fugindo.

A cidade de Nova York é o lar dos delinquentes financeiros mais ousados do mundo: a Bolsa de Valores de Nova York, o NASDAQ e a sede das organizações internacionais mais mal administradas, as Nações Unidas. Com um Produto Interno Bruto estimado maior do que na Arábia Saudita e quase o dobro da Suíça, teve um bilionário como prefeito, Michael Bloomberg, e maior prefeito não-oficial dos negros da cidade, Sean John Combs, o famoso Puff Daddy. E tudo de glamoroso divulgado sobre o distrito de teatros da Broadway e a ostentosamente cara loja de departamentos Bergdorf Goodman, ignorarando por um momento o problema de roedores da cidade e banhos de sangue em Brownsville, Brooklyn. Mas por que a cidade não é capaz de cuidar dos pobres? Enquanto eu abria caminho entre as multidões, aparentemente muito ocupado para ficar parado, o que eu continuava tropeçando em cada canto eram os rostos assustados dos pobres. Aquilo realmente me incomoda, como uma cidade de personagens extravagantes e abastados como Donald Trump, não é capaz de encontrar uma solução humana para os menos afortunados, como sugere a teoria do gotejamento.

Acho torturante sair da estação central da cidade de Nova York, esquivando dos doentes mentais negligenciados e evitando o contato visual com aqueles que estão deitados no chão. Este espetáculo moroso me transformou em um bom sacerdote passando a Eucaristia ou no meu caso, meu dinheiro do almoço. Quando chegou o inverno, percebi que havia cada vez menos mendigos pelo do meu caminho de crucificação rotineiro. Finalmente, pudefazer uma refeição decente sem o sentimento de culpa incômodo alojado no meu intestino. No entanto, não pude silenciar minhas suspeitas por muito tempo, e questionei para onde a lava dos sem-teto tinha ido com a qual tinha me acostumado. Na verdade, nenhum milagre aconteceu – era apenas o tempo. À medida que o velho inverno dá suas caras sombriamente, os sem-teto tentam encontrar abrigos quentes e, inevitavelmente, têm que se retirar para a invisibilidade.

Em 2013, surgiram notícias alarmantes do aumento do número de sem-tetos que chegavam em abrigos e devido à capacidade limitada das habitações, adultos e crianças tinham que ser recusados todas as noites. O que dizer sobre o número de veteranos dos Estados Unidos que são sem-teto? Se os Estados Unidos, atualmente classificados como a nação mais rica da Terra, não movem o Céu e a Terra para cuidar daqueles que responderam ao chamado para servir honrosamente o país e abandonar seres nobres que colocaram sua vida em risco para proteger a nação,não consigo pensar em mais ninguém em que possa demonstrar empatia.

E enquanto eu estou na questão de empatia, o Banco Mundial estima que mais da metade dos moradores de Mumbai vive em favelas. O filme "Quem quer ser um milionário" é como a maioria das pessoas do mundo ocidental teve uma ideia de vida em Mumbai, e várias cenas do filme foram gravadas lá. Mumbai é uma cidade de contrastes, que também é o lar de alguns dos empresários mais ricos do país e estrelas de cinema de Bollywood. Não posso deixar de me perguntar se o sistema de castas arcaicas e a fé religiosa profundamente enraizada tornaram o indiano comum suscetível de aceitar a disparidade em sua sociedade como uma obra de força divina: o destino. Não consegui encontrar nenhum protesto público contra o orçamento do programa espacial indiano (I.S.R.O, sigla em inglês para Organização Indiana de Pesquisa Espacial) que aumentou gradualmente até US $ 1,3 bilhão em 2013. Os números do orçamento de 2013 do ISRO provocaram países como o antigo poder colonial da Índia, o Reino Unido e um dos melhores amigos da nação, os Estados Unidos, para cortar o fundo de ajuda para a Índia. O valor é, evidentemente, pequeno em comparação com o orçamento doI.S.R.O, mas foi um grande sucesso alcançado por diversos programas que forneceram serviços necessários para cerca de 421 milhões de indianos pobres. Este número é maior que os 410 milhões de pessoas pobres que vivem nos 26 países africanos mais pobres. E qual foi a resposta da Índia ao corte de ajuda? "Nós não precisamos realmente da ajuda", disse P. Chidambaram, ministro das finanças da Índia na época.

Em novembro de 2013, meus amigos indo-americanos comemoraram quando o programa espacial da Índia confirmou que o Mars Orbiter estreou a jornada planejada de dez meses. A sonda indiana de Marte levantou algumas das minhas mais profundas suspeitas... na verdade,ficou na órbita na Terra por algum tempo. Imagino que os cientistas indianos ficaram deprimidos olhando as favelas indianas e decidiram desviar os telescópios. O objetivo real da missão é encontrar um novo esconderijo para a elite indiana ou uma solução definitiva/final para os lugares habitáveis da pobreza como as favelas de Mumbai? Se for por acaso o último, as poucas cláusulas sobre o acordo ratificado entre a República Federal da Nigéria e a Índia sobre programas espaciais relacionados a favelas espalhadas por Abuja devem ser fascinantes!

Agora tente buscar no Google a casa mais cara do mundo de todos os tempos. Surpreendentemente, não está localizada em Manhattan ou em qualquer lugar em Paris, mas está em Mumbai, na Índia, e é avaliada em mais de um bilhão de dólares! O arranha-céus de vinte e sete andares tem seis níveis de estacionamento subterrâneo, um andar dedicado a um centro de saúde e requer cerca de 600 funcionários para sua manutenção. Esta residência gigantesca é o lar do bilionário indiano, Mukesh Ambani, sua esposa, seus dois filhos e uma filha. Isso não me machuca tanto quanto em uma nação onde muitas crianças passam fome e vivem em favelas ao que ele escolheu gastar um bilhão de dólares construindo sua residência em um terreno pertencente anteriormente a um orfanato. O terreno foi alocado com a finalidade de educar crianças desfavorecidas. Acho que ele queria ter uma bela vista da cidade e suas favelas.

Falando sobre bela vista, o Golfo da Flórida tem algumas das praias mais imaculadas do planeta. Qualquer um que deseje um estilo de vida urbano e acesso rápido a praias esplêndidas, a cidade de Tampa é o lugar certo para viver, devido à sua proximidade com a cidade costeira de Saint Petersburg. Agora, qualquer turista terá bonsmomentos vagando sob o sol acariciador, provando alguma comida gourmet genuinamente engordativa no centro da cidade e com uma parada pela praia para um sorvete. Assim que o sol se põe, é aconselhável para qualquer alma cuidadosa evitar se aventurar nas proximidades do centro da cidade. Encontrava-me no centro da cidade, tarde da noite esperando o ônibus Greyhound para me levar de volta a Tampa. Juro que não é com a criminalidade que as pessoas precisam se preocupar. O surgimento de sem-tetos que colocam suas caixas, tentando encontrar um abrigo em torno do imponente edifício da Igreja Católica local e o parque central é doloroso. Com essa humilhação, os sem-teto são constantemente assediados pela patrulha da polícia, aplicando o que eu chamo de tolerância zero do decreto que o conselho local aprovou. Como uma tática para se livrar dos pobres, uma vez presos e liberados, eles recebem um bilhete de ônibus da Greyhound de Saint Petersburg para qualquer destino de sua escolha, que geralmente é Tampa. Imagino que esta é uma das medidas mais criativas e diabólicas tomadas com o objetivo de proteger a imagem quixotesca da cidade.

Quando alguém diz imagem quijotesca, por algum motivo minha mente se concentra na cidade da Birmânia, oficialmente a República da União de Mianmar. Minha descrição encantadora foi, durante muito tempo, o resultado de um vídeo vazado do casamento da filha do general Than Shwe em 2006. Havia cordas de diamantes e toneladas de garrafas de champanhe em exibição. Estima-se que ela recebeu dezenas de milhões de dólares em presentes, incluindo carros de luxo e casas. Lembro-me de sentir tanta inveja do noivo, observando-o derramar champanhe sobre uma cascata de taças e ajudar sua noiva a cortar uma fatia de um enorme bolo de casamento. Com notícia de que Aung San Suu Kyi foi libertada da prisão domiciliar em novembro de 2010, assisti o video uma segunda vez e fiz algumas pesquisas. No vídeo, os convidados sorridentes, com suas melhores roupas e jóias caras, faziam parte de uma liderança militar brutal e sanguinária que tinha uma proteção de ferro no país. Esta festa opulenta estava acontecendo enquanto o nível de pobreza e a repressão militar da Birmânia continuavam aumentando. A junta militar desde então passou por uma renovação estratégica. As mudanças cirúrgicas são visíveis; esses tigres adotaram roupas civis formais. Mas sua sinceridade é questionável. Os membros da elite governante ainda são os mesmos. Eu realmente não acho que eles abandonarão o controle sobre as forças militares birmanesas, o que é inequivocamente a fonte de seu controle sobre o país e seus vastos recursos. Até agora, o encanto ofensivo parece estar funcionando. O Aeroporto Internacional de Yangon está ocupado novamente, desenrolando um tapete vermelho para a passagem dos corretores do poder mundial e seus esquadrões de jatos dos financeiroscriminosos. Não tenho dúvidas de que as festas continuarão por algum tempo, embora em segredo.

Isso me fez pensar, o que aconteceu com a festa mais emocionante dos Estados Unidos que não era segredo algum? Em 2003, ao ficar "fora do barco", como muitos dos meus compadres americanos rotularam um recémchegado caribenho e africano como eu, encontrei uma brochura dos festejos do "Mardi Gras" em Nova Orleans, Louisiana, repletos de imagens de jovens comemorando e deliciando-se com a gastronomia bayou. Alguns amigos e eu não conseguiriamosesperar paragastarum talão com inúmeros cupons. Não preciso dizer que dirigimos até o "Big Easy" o mais rápido e o mais bêbados quanto podíamos. Milagrosamente, não acabamos presos e acorrentados no Mississippi. A comida e a hospitalidade na Bourbon Street eram excelentes. E o mais importante, apenas uns poucos mosqueteiros da festa poderiam se vangloriar de que todos os seus notórios rituais da Bourbon Street fossem um sucesso. Digamos que, cada vez que saíamos do hotel com centenas de colares de contas, seguindo a tradição sagrada das festividades, tropeçávamos de volta ao nosso quarto com as mãos vazias... Wink, wink!

No nosso caminho de volta para a Flórida, com a cabeça ainda no mundo da lua, perdemos a rampa para a Ponte Hale Boggs sobre o rio Mississippi. Qualquer um que já esteve em New Orleans sabe que a ponte é a única maneira de sair da cidade. Não havia necessidade de entrar em pânico até que percebemos por que as instruções do concierge do hotel eram para evitar, a todo custo, se aventurar fora do perímetro turístico, que fica em torno do French Quarter. Oh, meu Deus! Pela primeira vez na nossa estadia em New Orleans, o quadro era preocupante. Ficamos sóbrios rapidamente. Não seria exagero dizer que se a polícia tentasse nos parar, teria que seguir-nos de volta a Bourbon Street. Não queríamos parar no meio daquela selva.

Para se ter uma ideia do nosso grupo de heterogênio, fomos criados assistindo a família negra na série The Cosby Show, as cenas da cidade de Nova York no sucesso da comédia de Eddie Murphy "Um Príncipe em Nova York" eram muito surreais para ser verdade para nós. Em outras palavras, éramos de famílias predominantemente afluentes que conquistaram mais do que uma parte justificável de riqueza no sistema de Capitalismo "à l'africaine". Mesmo que tivéssemos um número considerável de conhecidos americanos negros em Tallahassee, na Flórida, que é uma cidade universitária clássica e a serena capital do estado, aqueles Negros de N'awlins e os projetos circundantes assustaram-nos! Devíamos saber que algo era suspeito sobre essa cidade. New Orleans produziu um dos grupos de rap mais prolíficos que amamos no momento, e o "Hot Boyz" é um deles. Sua prosa de rap criativa, estilo bruto e os bordões não podem, obviamente, vir do lugar da alegria e do kumbayah; em vez disso, é de um santuário de dor e desespero. Se a bandeira vermelha não fosse visível o bastante, os primeiros vídeos musicais de baixo orçamento do grupo deram um passeio pelo mundo deles, uma cornucópia de pessoas pobres e sujas em frente a prédios demoradias públicos malconservados.

Infelizmente, hoje em dia, alguns optam por ignorar ou preferem esquecer o fato de que, antes do devastador furacão Katrina varrer a cidade, New Orleans teve alguns dos lugares mais valiosos dos Estados Unidos comparáveis aos de países do terceiro mundo por onde viajei. Como eu e meus amigos viemos a descobrir, aqueles bolsos vergonhosos do "Big Easy" estavam soberbamente escondidos, fora da vista dos estudantes universitários embriagados e de outros turistas. O furacão Katrina simplesmente deu vazão ao segredo imundo da cidade, e todos o país fingiu se surpreender. Realmente, o que esperar quando um esgoto sanitário transborda? E agora que a cidade do chocolate, como foi chamada pelo prefeito de New Orleans, Ray Nagin (condenado a dez anos de prisão por suborno, lavagem de dinheiro e outras corrupções), está se reconstruindo, provavelmente reza para que seus problemas nunca voltem, desejando que ele pudesse declarar uma seção de seus antigos residentes persona non grata.

"Persona non grata" pode não estar claramente escrito na lista de presentes de Natal da cidade de New Orleans; mas foi o status de Teodoro Nguema Obiang, filho do presidente da Guiné Equatorial, na França e na maioria dos países civilizados. A França ficou exasperada pela opulência do Príncipe Negro e, em 2012, soube-se que a polícia francesa de repente decidiu agir em um processo passado por diferentes organizações ativistas e tirou alguns brinquedos de Obiang Jr. A exibição subsequente de todos as bugigangasmostradas nas revistas francesas ultrapassou o meu imaginado folie de grander, que incluia onze carros de luxo (dois Bugatti Veyrons, um Maybach, um Aston Martin, uma Ferrari Enzo, uma Ferrari 599 GTO, um Rolls-Royce Phantom e um Maserati MC12), algumas garrafas de Château Pétrus (um dos vinhos mais caros do mundo) e um relógio de US $ 3,7 milhões.

Por não querer que os franceses fossem superiores, os americanos tentaram colocar um dano maior na fortuna de Obiang Jr. O público ficou ofendido com a notícia de que o Departamento de Justiça dos Estados Unidos arquivou uma ação de confisco de US $ 70 milhões contra

Obiang Jr. E voilà, outra lista que incluía um jato Gulfstream, as infames luvas de Michael Jackson e uma villa em Malibu, Califórnia. Mas espere um pouco! O garoto ainda estava autorizado a desfilar com grandes quantidades de dinheiro nos Estados Unidos depois do escândalo que forçou o Riggs Bank a fechar?! De alguma forma, o Departamento de Justiça dos Estados Unidos nunca incomodou o maior depositante do banco na época, com mais de US $ 700 milhões. O que há para fazer de toda esta história fantástica? Por falta de imaginação, o jovem Teodoro Nguema Obiang provavelmente acumulou toda essa fortuna descoberta enquanto recebia um salário de menos de US $ 100.000 por ano como ministro da Agricultura e Silvicultura da Guiné Equatorial.

O que se pode diszer sobre a Guiné Equatorial para colocar tudo em perspectiva? O país está entre os países mais reprimidos da África Ocidental, e se tomarmos a proporção de pessoas que vivem com menos de um dólar por dia, é também uma das mais pobres. Esta nação de apenas 700 mil pessoas é ao mesmo tempo pobre e rica em petróleo, um contraste de proporções épicas. Há fotos em sites de redes sociais de grandes alvoradas e mansões presidenciais junto a barracos corroídos. À medida que se visita a capital Malabo, vê-se pessoas que andam em belíssimos Mercedes Benz pelas favelas, tentanadodesviar dos zilhões de buracos da cidade e do Chefe de Polícia do país, que está relacionado ao presidente, vangloriando-se de seus uniformes que foramdesenhados por ninguém menos que o famoso designer francês - Yves Saint Laurent. Da janela do quarto elegante do novo hotel onde que ele se hospedou, podia ver as famílias espremidasempequenas barracos cobertas de lata.

E enquanto eu descobria mais fatos, como umaem

cada cinco crianças morre antes de atingir cinco anos de idade e menos de cinquenta por cento deles têm acesso a água potável e limpa, fiquei atordoado ao saber que o Comissário da Polícia de um minúsculo país localizado no centro da nação Arco-Íris de Mandela, apresentava, em nome de seu monarca absoluto ganancioso e pervertido, uma sincera desculpa por dois milhões de euros roubados, estranhamente em uma pasta, durante uma festa na villa de Obiang Jr. na Suazilândia. Se alguém está se perguntando, e quanto ao castigo de Teodoro Nguema Obiang por exibir tal extravagância e manchar a imagem da Guiné Equatorial? Bem, digamos que se encaixa com um filho de um dos ditadores da África a mais tempo no poder, um grupo de elite que está encolhendo. Em seguida, seu pai o fez vice-presidente da Guiné Equatorial; esta posição altamente considerada e protegida, livrando-o de qualquer eventual processo judicial internacional.

"Sou a favor de fazer o bem aos pobres, mas discordo da opinião sobre os meios. Eu acho que a melhor maneira de fazer o bem para os pobres é não acomodá-los na pobreza, mas guiá-los e tirá-los dela."
- Benjamin Franklin

Noé era um homem bom, mas é o culpado por estragar a maneira única de fugir de abusos em casa na minha infância. Após o incidente dramático de uma criança vizinha no quintal de nossa casa, fiquei aterrorizado de brincar de Rambo e acampar sozinho. Há muito suspeitava que Noé tinha algo a ver com meu fiasco tático;

o detalhe de sua façanha trouxe uma prova irrefutável de sua culpa. Li diferentes versões da história da Arca de Noé, e tudas se resumiam aos mesmos detalhes: Noé salvou-se, assim como a sua família e um remanescente de todos os animais do mundo quando Deus decidiu inundar o mundo e destruí-lo, por causa dos maus atos da humanidade. Quando criança, achava tão repreensível que Noé, sem supervisão, ao escolher entre os animais, permitir também a bordo abutres, ratos, crocodilos e, em particular, a fonte bíblica de morte de Adão e Eva e o longo cárcere de verão da minha infância - estou falando sobre cobras.

Paralelamente à história da Arca de Noé, Mandela também era um homem bom. Então, novamente, ele arruinou algo tão caro para mim. Eu sonhava em passar meus anos dourados no país africano mais rico e inspirador, a África do Sul ou "AS", uma maneira plausível de aproveitar minha aposentadoria entre africanos negros prósperos. Nos últimos dois anos, não consegui descobrir a responsabilidade de Mandela no meu sonho desvanecido. Por último, quando deixei de lado o fato de que ele passou 27 anos em um campo de trabalho por sua parte na luta contra o apartheid e depois reavaliou criticamente seu mandato como presidente da África do Sul, isso ficou claro. Eu me considero um membro do pequeno grupo ousado que navega por territórios inexplorados e cujas vozes deveriam ter sido de preferência mais altas antes da morte de "Madiba". Nós ousamos denunciar que os problemas sócio-político-econômicos da África do Sul foram perpetuados pelas "negociações comprometidas?" Não tenho dúvidas de que Mandela um ficou com boa parte, a ANC & Co. e a pequena sociedade branca afluente quando FW de Klerk que, na minha opinião, tem alguma semelhança com Deus e é um velho branco e, no fundo, racista, foi pressionado a por fim ao Apartheid pela classe média sul-africana branca e as grandes empresas que criaram insatisfeições na década de 1990.

Eu sucumbi ao mantra dos meus avós de que as pessoas deveriam ser julgadas apenas por suas ações; dois fatos reais colocam em questão a força de caráter de Mandela. O "Madiba" não investigado foi longe demais para acomodar o estabelecimento do Apartheid ao fechar um acordo com juízes racistas, alguns dos piores violadores de direitos humanos, os esquadrões Afrikaner de sequestradores e assassinos e exclusivamente aqueles que patrocinaram todo o sistema cruel do Apartheid e tornar-se a salvaguarda moderna da elite do arco-íris. Eu estou apontando para as corporações de mineração e financeiras. E o que dizer sobre um homem que, em uma entrevista para o repórter australiano John Pilger, expressou total desrespeito pelas três décadas de ditadura brutal na Indonésia e outras pessoas em dificuldades, que justificaram a recompensa, em 1997, do carniceiro de Jacarta, o General Suharto, com a Ordem da Boa Esperança, que é a mais alta honraria da África do Sul que poderia ser concedida a um estrangeiro?

Não posso conciliar o fato de que o Congresso Nacional Africano (ANC), o movimento de libertação nacional da África do Sul e seus aliados venceram todas as eleições presidenciais sul-africanas desde o fim do apartheid. E ainda assim, o Apartheid econômico de fato permanece intacto. Os negros sul-africanos continuam terrivelmente pobres em termos absolutos e relativos. Aos meus olhos, o ANC abusou da confiança dos negros que ainda estão apertados em favelas como Dimbaza e Alexandria, e estes distritos violentos estão começando a sofrer o impacto da frustração popular. Por outro lado, há muitas evidências de que o ANC foi bom para os brancos. Em troca da inclusão de alguns agentes negros do ANC em seu glamoroso círculo fechado (um esquema usado para canalizar o dinheiro de volta para os bolsos dos membros do partido), os brancos na África receberam discretamente atrás de enormes barricadas a riqueza extraída e acumulada da exploração desumana de negros na AS durante o Apartheid. Outra maneira de mostrar isso é quando o apartheid sul-africano foi sufocado, seus líderes perceberam que tudo o que tinham que fazer era trazer líderes negros para o negócio de distribuição de riqueza e bem-estar, e a ganância explosiva desintegrou a capacidade de negros e índios agirem coletivamente através de bairros e guetos.

Uma vez me perguntei como Mandela e companhia planejava liderar ou expulsar negros sul-africanos da pobreza?! Alguém poderia achar que o ANC formulou um ótimo plano para esse fim, declarando inequivocamente em um segmento da Carta da Liberdade do Partido: "A riqueza nacional do nosso país, a herança dos sul-africanos, será restaurada ao povo; a riqueza mineral sob o solo, os bancos e o monopólio da indústria serão transferidos para a propriedade do povo como um todo; todas as outras indústrias e comércio devem ser controladas para ajudar o bem-estar das pessoas..."

Esta seção da Carta da Liberdade do ANC é inconsistente com concessões que eles fizeram como as "cláusulas temporárias" de 1992. Ela pavimentou o caminho para um Governo de Unidade Nacional (método favorito dos ditadores para misturar lobos e cordeiros e difundir a demanda popular para a mudança) e para as garantias absurdas de trabalho que protegem todos os funcionários públicos da era do Apartheid.

E se alguém quer saber, na era pós-apartheid, o que acontece quando os negros pobres assumem a responsabilidade e demandam uma parcela adequada da riqueza da nação? A terrível verdade é que a resposta foi a mesma do Apartheid: são abatidos como cães raivosos. As imagens que circularam sobre o Massacre de Marikana dos mineiros em 2013 não foram diferentes do Massacre de Sharpeville em 1960. Só que desta vez, as imagens eram coloridas e o trabalho desumano era feito por policiais de cor. Somando-se ao insulto, o mundo ficou surpreso ao saber que 270 mineiros foram presos e acusados de assassinato com base na doutrina de "propósito comum", a mesma doutrina estabelecida, usada e abusada sob o apartheid. Devido ao clamor dos grupos de vigilância dos direitos humanos e da pressão internacional, a acusação bizarra foi abandonada e todos os mineiros presos foram libertados.

A vida de Mandela e a ascensão do ANC devem ser um conto preventivo para aspirantes a combatentes da liberdade e indivíduos assombrados pela crença da igualdade em todo o mundo; o poder corrompe e o poder absoluto corrompe absolutamente como Lord Acton apropriadamente supôs. Dói-me ver na AS que, com o tempo, a lacuna entre brancos e negros "sem nada" atingiu o nível mais alto. De fato, em 2009, a AS marginalizou o Brasil como a sociedade mais distorcida do mundo. No entanto, tive grande prazer em ver o presidente da AS, Jacob Zuma, ser humilhado diante de dignitários estrangeiros durante o nada menos que o memorial de Mandela. A expressão de descontentamento de seu povo com o ANC! Foi tão comovente.

Em 2013, minha esposa e eu nos mudamos da ensolarada parte sul dos Estados Unidos para algum lugar perto do gelado Canadá. A melhor descrição étnica desta pequena cidade encantadora: uma cidade fantasma negra. Sempre nos sentimos obrigados a reconhecer e, ao mesmo tempo, nos regozijar na presença de outra pessoa negra balançando a cabeça. Acostumado a descer para o sul, onde os Negros povoam uma parte considerável do fundo hierárquico da sociedade, eu ingenuamente pensei que qualquer cheiro forte rastreável de pobreza decadente não poderia ser encontrado por aqui. Então veio o Dia de Ação de Graças de 2013, estávamos a caminho de Nova York quando de repente apareceu um vulto no meio da estrada. Lá, lutando contra a horripilante temperatura congelante e com pouca roupa, havia um homem branco desabrigado segurando uma grande placa. E, caramba, motoristas insensíveis quase o atropelaram. Quando nos aproximamos, abri minha janela para lhe dar uma nota de um dólar. Algo mudou dentro de mim, porque vi o rosto de um homem humilhado e triste. Naquele dia, daquele momento em diante, continuei vendo a mesma expressão de uma criança, uma mulher ou outro homem em cantos diferentes.

As cidades descobriram que mudar o reflexo de uma palavra é a maneira inteligente de expressar o desdém de um determinado grupo. Ao dar um toque negativo à esmola, permitiu que as cidades castigassem os pobres. Em torno deste belo planeta, o que é chamado de "invasão agressiva" é proibido. Algumas cidades chegaram a ponto de conduzir ativamente programas de educação aosmoradores, aconselhando-os a não darem a vagabundos (desculpe, é um rótulo emprestado do candidato do Partido Republicano em 2012 para Presidente dos Estados Unidos, Mitt Romney), e seus departamentos de polícia foram instruídos a intimidar os mendigos, especialmente em torno das áreas do centro da cidade. Os países pobres são mais criativos; eles adicionaram o elemento sobrenatural ou vudu aos pretextos. Enquanto viajava por vários países do terceiro mundo, guias paranóicos e amigos sempre me avisavam para não dar dinheiro aos mendigos nas ruas, e se eu ousasse dar, o dinheiro desapareceria misteriosamente dos meus bolsos e atrairia alguma maldição para mim. Mas eu ria e acabava com essa regra ridícula. Posso testemunhar que não me transformei em bode ou fui atingido por um raio, assim como o desaparecimento de todo o meu dinheiro foi explicado por minhas buscas de felicidade materialista.

É deplorável que as pessoas ao redor do mundo, de diferentes formas de vida, raça e origem, digam claramente que odeiam a solicitação ativa ou a mendigagem agressiva, mas não se importam com o mendigo passivo que, por exemplo, abre as portas de uma loja com um copo na mão, sem dizer nada. Em outras palavras, as pessoas sentem-se mais confortáveis quando os mendigos não incomodam a sua consciência e tornam a sua presença menos sentida. Passei algum tempo observando os jovens descolados correndo pela saída da estação central de Nova York com a mais recente e supercara linha de fones de ouvido do Dr. Dre que cobrem mais do que seus ouvidos, e funcionários do governo acelerando seus novíssimo Prados 4x4 pelas estradas esburacadas e empoeiradas de Kampala, Uganda, sem que nenhum deles perceba os pobres nas esquinas. Tais espetáculos me levaram à conclusão de que a atitude indefensável e sem coração para com os menos afortunados é verdadeiramente um fenômeno global onipresente. No entanto, quando me vejo em desvantagem numérica e começo a perder a esperança, sempre me deparo com outro grupo de indivíduos neste belo planeta azul, de diversos modos de vida, raça e formação. Ao contrário dos charlatões acadêmicos populares que simplesmente ignoram a questão da pobreza para obter uma certa notoriedade acadêmica, eles dedicam suas vidas para quebrar o ímpeto da indiferença em relação aos pobres. Acho esse sentimento muito comovente e ecoa os desejos mais profundos do meu próprio coração; uma sociedade decente não acontece milagrosamente. Assim como eu (eu acho), eles não param de ver gente pobres.

4

GANGNAM STYLE

"Toda vez que compramos algo, aprofundamos nossa privação emocional e, portanto, nossa necessidade de comprar alguma coisa."
- Philip Slater

S e a primeira vez que você viu Psy pulando de smoking e óculos escuros foi no Saturday Night Live, também conhecido como "SNL", o popular sprograma humorístico americano, você provavelmente achou que era uma paródia baseada no filme americano Os Irmãos Cara-de-Pau dos anos 1990. Não se sinta mal, eu adorei o produtor executivo; Psy não só parecia ser um ótimo complemento para o elenco talentoso, mas achei que Lorne Michaels havia finalmente alcançado as rápidas mudanças demográficas e a diversidade racial dos Estados Unidos. Mal sabia eu na época que o rapper sul-coreano já era uma sensação nas mídias sociais com o vídeo oficial "Gangnam Style" acumulando milhões de visualizações em nosso amado YouTube e registrando um milhão de downloads em apenas 51 dias! Como morcegos voando da capa preta de Drácula, uma miríade de diferentes versões de músicas começou a aparecer em todo o mundo, até mesmo o ritmo do Tango não estava isento. Em pouco tempo, percebi que em nenhum lugar deste planeta eu estaria a salvo das batidas contagiantes do "Gangnam Style"!

Pouco antes de entregar minha alma de rumba ao poder demoníaco de Psy, como bilhões de chineses fizeram, por favor, não me julgue, me deparei com algumas pessoas, especialistas em cultura sul-coreana e alguns sul-coreanos nas mídias sociais que eram abençoados o suficiente para explicar a mensagem subversiva de "Gangnam Style". Supostamente, sob a dança bizarra e os absurdos do vídeo, havia algo a ser dito sobre a sociedade sul-coreana. Para minha surpresa, "Gangnam" é na verdade uma área residencial real em Seul, a capital e a maior cidade da Coreia do Sul. Descrito como um habitat natural dos queridinhos superricos e fiduciários da Coréia do Sul, é um lugar de consumo mais conspícuo. Há também declarações, muito antes da nova tendência da aristocracia chinesa, que os moradores sul-coreanos de "Gangnam" terem adquirido um entusiasmo por mutilação facial e frequentemente visitado clínicas suntuosas, buscando um nariz pontiagudo, uma operação de corte de ossos na mandíbula e até mesmo olhos arredondados. Essas características faciais cobiçadas são percebidas como traços caucasianos elegantes que osendinheiradosprecisam absolutamente ter.

O vídeo foi um escárnio de pessoas de fora que perseguiam um sonho para se parecer com os moradores de "Gangnam" sem os meios para fazê-lo, e sem nenhum indício do que isso realmente significa, como bem disse um blogueiro. Faz sentido em um ambiente repleto de presas desiludidas e predadores violentos, uma indústria inteira floresceu fornecendo a esses aspirantes uma panóplia de truques e ferramentas baratas e perigosas para automodificar características faciais no conforto de suas próprias casas. Me deparei com inúmeros produtos que garantem uma "aparência de Hollywood". Há histórias de adolescentes colocando aparelhos que impedem os olhos de piscar por horas, uma versão barata da cirurgia de pálpebras duplas e/ou apertando rolos para obter um formato oval da linha de mandíbula. No entanto, a dor destes juvens desesperados empalidece em comparação com uma mulher sul-coreana que dizem ter injetado óleo de cozinha em seu rosto; ela ficou desfigurada apesar de qualquer reparo cirúrgico. Nesse sentido, a meu ver, o incompreensível mutismo dos formuladores de políticas de saúde sul-coreanos estimula esses tolos riscos e tendências ameaçadoras à vida.

Eu seria ao mesmo tempo racista e hipócrita se destacasse apenas o vício em mudar a aparência de burgueses e proletários do Leste Asiático. Os campeões de vendas na loja de produtos de beleza do meu sogro, situada em um bairro negro, americano, caribenho e africano, sempre foram cremes para clarear a pele; ele dificilmente consegue acompanhar a enorme demanda destes produtos tóxicos. Esta tendência reflete simplesmente a estratificação da classe social de seus clientes com base na crença patética de que a pele negra é inferior e que alguém com uma pele clara é mais atraente. Em 2014, quase dois séculos após a abolição da escravidão, a pele escura do Dr. Keith Rowley foi citada como o único motivo de "objeção"como primeiro-ministro do país do qual estava à frente, Trinidad e Tobago, um país negro. Tudo o que o Dr. Keith Rowley precisava fazer erapassar dois desses géis radioativos em seu corpo para descascar a indesejável pele escura como uma cobra a ser confiada à mais alta posição governamental de Trinidad. Periodicamente, esse processo precisa ser repetido para preservar o falso "brilho" mulato. O fato mais embaraçoso e hilário é o tom de pele irregular resultante. Mas eu parei de rir e quase arranquei os pelos do peito (sim, tenho alguns) quando descobri os ingredientes ativos nos géis que estes aprendizes de dermatologistas colocam em sua pele. É preocupante que frequentemente se encontre mercúrio (pode danificar o cérebro), hidroquinona (usada para revelar fotografias) e arsênico (parece veneno, e é mesmo). Nem preciso dizer que negros são apaixonados por cabelos lisos ou por apliques. Embora eu mesmo tenha experimentado algumas formas picantes e contundentes de insultos raciais, não estou muito convencido de que minha pele negra e meus cabelos crespos tenham sido causados por algum tipo de defeito de nascença ou doença maligna. E não acho que meu herói de infância e rei do pop, Michael Jackson, teria me convencido do contrário.

O paradoxo, enquanto outras raças planejam tornar-se brancas, os caucasianos correm na direção oposta. A visão de pessoas pálidas deitadas como preguiças sob o sol abrasador da Flórida costumava assustar-me até que me surpreendi com o número exagerado de salões de bronzeamento em algumas das regiões polares dos Estados Unidos. Ainda me assusto homens franceses e italianos banhados em óleo de bebê usando tangas na praia. E a energia que algumas garotas brancas em academias para alcançar seus sonhos de se tornarem gatas colegiais é realmente impressionante. Eu aplaudo o emprenho delas nos agachamentos para obter as curvas pretas naturais. Quanto aos ricos, preguiçosos ou idosos, há um amálgama de opções perigosas de cirurgia plástica (implantes de silicone nos lábios, no bumbum e nos seios) que transforma qualquer garota pobre em curvas numa Sarah Baartman, a Vênus Hotentote. Vejo na minha síndrome masculina do compadre caucasiano, um Woody Allen na caça ao físico infantil de algumas mulheres asiáticas (e homens), uma mania pedófila sustentada. Devo dizer que os riscos assumidos pelos caucasianos de derrubar sua brancura com pelo menos um par de entalhes são tão fatais quanto o que outras raças fazem para tornarem-se brancos.

Não há como negar alguns indícios de que tais mutilações transculturais são alimentadas pelo preconceito racial. No entanto, estas tendências terríveis poderiam ser justificadas pelo nosso desejo de adquirir o esplendor pelo qual o mundo adora. Supondo que isso, então essas obsessões que ameaçam a vida iluminam algumas questões fundamentais, se de alguma forma as pessoas envolvem-se em gastos para parecer ricas, ou estão simplesmente em busca do arco-íris? Além disso, tenho me perguntado se o termo "Globalização" foi inteligentemente adotado para mascarar o eu sobre a indulgência, que vem sendo o foco do atributo ocidental e o impulso econômico. Até certo ponto e gosto, somostodos "Gangnam Style"?

"Não vivemos mais a vida. Nós a consumimos."
   - Vicki Robin

Depois que o fato irrefutável dos registros de elevação nível do mar e da temperatura, os profetas rastejam para fora da toca para alertar o mundo de desastres iminentes de proporções bíblicas. Por mais assustador que algumas dessas previsões possam ser, o apocalipse ainda pode ser evitado se pararmos de brigar eagirmos juntos. Então, o que significa agir juntos? O status quo tem sido lucrativo não apenas para grandes corporações, mas também para um grupo especial;pedagogos estão lucrando nos palcos com a formulação de argumentos factuais perceptíveis, que não são nada mais do que teorias fictícias enviando ao mundo uma perseguição selvagem ou colocando um lado contra o outro. Na minha opinião, o simples fato de não gostarmos de mudanças está nos impedindo de confrontar a questão real. A raiz de nossas dores de cabeça globais foi atribuída à produção, processamento e consumo. Sim, concordo que a construção de fábricas cria uma bagunça ambiental no processo e o uso desses produtos em si não cria apenas poluentes e resíduos; mas não posso enfatizar isso o bastante, que também cria um sabor.

Esteja ciente de que alguns gostos capturaram os seres humanos além da fronteira da obsessão normal, derrubaram impérios e levaram as nações à beira do colapso; a queda da dinastia Tang é um conto preventivo. O Imperador Chinês Xuanzong negligenciou seu dever, concentrando-se no apetite insaciável por lichias do Consorte Yang. Custo a acreditar que as mulheres grandes já estiveram na moda na China, mas o Imperador preferiu a robustez em vez de uma mais elegante como sua imperatriz. Sabia-se que Yang devorava quantidades excessivas dessa fruta exótica diariamente. Como resultado, o Imperador elaborou um sistema soberbo. Cestos de lichias eram cheios com as frutas mais frescas da região sul da China para serem entregues em seu palácio na capital por correios imperiais em cavalos velozes, cujos cavaleiros trabalhavam dia e noite. E enquanto Xuanzong cuidava dos caprichos de sua concubina, o general rebelde An Lushan fortalecia seu exército, declarou-se Imperador e pôs fim à poderosa dinastia de Tang.

Mais recentemente, ficamos impressionados com o salto econômico de duas gerações da Coréia do Sul que gerou seu vício em cartão de crédito. Seu crescimento surpreendente tornou os empréstimos seguros, mas os sul-coreanos não restringiram seu apetite por empréstimos depois da rependtina desaceleração econômica dos anos 1990. Até mesmo a solução do governo para sair da crise financeira asiática na época torcia por gastos excessivos particulares. O mesmo deve ser dito sobre vários países europeus, como a Grécia e a Espanha. A longa história de empréstimos desses países levou-os por alguns anos à humilhante casa de cachorro financeira da União Européia, persistentemente ridicularizada e intimidada pela Alemanha e pela Inglaterra.

Então, novamente, alguns outros gostos capturaram sociedades além da fronteira da obsessão normal, aproximando algumas populações da aniquilação. Documentou-se que no leste do arquipélago da Nova Zelândia, no meio do Oceano Pacífico, os maoris quase exterminaram seu calmo vizinho, os Moriori, para controlar recursos como os frutos da karaka. A história prova que as civilizações isoladas não estão isentas de uma ganância escandalosa.

Agora que se supõe que Bin Laden esteja nas profundezas do Mar Arábico do Norte, você pode imaginar um departamento inteiro no Pentágono entediado tentando decifrar as mensagens subvertidas no hit de Shakira, "Hips Don't Lie". Será que ficaram ruborizados quando perceberam que a música era, de fato, sobre a ameaça atual às crianças americanas? Esta é a única maneira pela qual eu poderia justificar que os Estados Unidos, uma nação belicista, acrescentou uma nova frente, a guerra contra a obesidade infantil à lista de guerras que atualmente está entrincheirada: a guerra contra as drogas, ditadores desobedientes, terrorismo, pirataria, pobreza, imigrantes ilegais e legais, etc. Nancy Reagan não se contentou em ser a única e ingênua líder do número um do mundo livre (uma posição que Monica Lewinski teria matado para ser promovida), e seu espírito de ação mandou mais negros para detrás das grades do que a população total de escravos negros no século XIX na América. Digamos que Michele Obama, a primeira Primeira-dama Afro-americana (e possivelmente a última), não achou necessário reverter a tendência de encarceramento estabelecida por sau reverenciada antecessora. Em vez disso, decidiu encabeçar a batalha nobre para salvar o futuro dos Estados Unidos da junk food. No entanto, observando a fila de crianças acima do peso perder o fôlego com o tiroteio em 2014 em Arapahoe High School e comparando-a ao massacre de 1999 em Columbine High School, ambas no estado do Colorado, onde um legislador que enfrenta um possível referendo pelo controle de armas demitiu-se, coloca em dúvida seu sucesso!

Todos nós sabemos que qualquer curso de administração de empresas respeitável insiste em uma diretiva para futuros gladiadores. A única maneira de sobreviverem no mercado de trabalho competitivo e sangrento é ganhar, por qualquer meio necessário, muito dinheiro para seus manipuladores. Durante meus anos de faculdade, eu sinceramente considerei tatuar o slogan na minha testa. O objetivo final de um negócio é ver um simples sabor de seus produtos com a mistura certa de acessibilidade para nos mergulhar em um transe psicodélico. Em resumo, a visão é criar a obsessão dos compradores em uma forma de palavra suja e tabu - superconsumo. Espere! Toda a culpa não deve ser atribuída a esses bandos de charlatões e psicopatas. Como consumidor, este é o esemplo mais desconcertante que um número maior de pessoas de diferentes raças, origens sócio-político-econômicas e religiosas de todo o mundo decidiram por unanimidade se matar, recorrendo ao suicídio em massa, em vez de desistir de seus desejos.

Vamos começar abordando abertamente o consumo excessivo. Falar objetivamente sobre elementos que sufocam a Mãe Terra e que são responsáveis pela beira da humanidade em direção à auto-aniquilação sem enfatizar o fator principal, que é o consumo excessivo, é repreensível. É como escrever sobre a escravidão sem o papel crítico que o papa Nicolau V desempenhou em 1452, desencadeando e reivindicando a caça global organizada por outros seres humanos (de outras raças e cores) autorizando em um documento escrito ao Rei de Portugal a escravizar todo e qualquer não-crente para sempre! Para divagar por um momento, apesar de morarmos agora longe do estado do Mississippi e do Alabama, não há como descrever como o drama histórico anglo-americano de 2013, 12 Anos de Escravidão, aterrorizou meusossos negros. Não sou veloz como o velocista jamaicano Usain Bolt nem resistente-como o maratonista queniano Dennis Kimetto. Sou um alvo fácil para os descendentes de Tippu Tip. O motivo da minha preocupação é simples. Até hoje, a ordem papal de 1452 nunca foi revertida!

Deixando de lado o meu pesadelo, evitaracabar com a nossa "besteira" é mais queconsumo excessivo, é uma parte muito importante de nossas vidas na sociedade moderna, e um hábito vigorosamente procurado pelos países do terceiro mundo. Mudar o que se tornou a essência de nossa existência exigiria uma revisão global massiva de nossos princípios, sem falar nos macabros naufrágios sócio-político-econômicos profetizados. Uma queda em nossos modos amados e caros poderia ser prejudicial para toda a economia de Bangladesh; as fábricas mórbidas de todo Dhaka teriam que fechar. Mas não se preocupe. O fim do "estilo" de nosso consumo excessivo não é imaginável num futuro próximo. Encontro garantias de que mesmo as aldeias mais remotas deste planeta começaram a mostrar sinais do prazer crônico global; foi muito mais fácil encontrar uma garrafa de Coca-Cola do que leite fresco em qualquer um dos esplêndidos esconderijos que explorei. E realmente acredito que é apenas uma questão de tempo até me deparar com um caixa eletrônico no meio do deserto do Saara, claro, cobrando sem escrúpulos os olhos da cara por uma transação. Uma vez, um dos meus amigos palestinos "oprimidos" me acalmou enquanto andava em seu novo carro esportivo alemão, que nosso slogan emblemático global "Veni, Vidi, Visa" será entoado pelas gerações vindouras.

"Eu sei, daí de cima se vê belas paisagens, mas aqui embaixo nós também devemos ter direitos."
- Dr. Seuss

Antes de sermos exorcizados de nossos hábitos de compras vergonhosamente impulsivos, eu e minha esposa tivemos um frenesi de gastos durante a Black Friday, o tradicional dia de compras depois do Dia de Ação de

Graças nos Estados Unidos. Era algo pelo qual esperávamos o ano todo. Alguns anos atrás, enquanto estávamos colhendo (ou sendo roubados) os frutos de nosso limite de endividamento de cartão de crédito, minha satisfação alcançou um ponto alto para descobrir que a maioria das roupas espalhadas por todo o chão da sala foram feitas por pessoas adoráveis deo Bangladesh. Depois de gastar uma pequena fortuna, não ficaria surpreso se tivéssemos salvado toda a indústria de varejo americana e impulsionado a economia de Bangladesh. Entre os países pelos quais torço, Bangladesh esteve no topo da minha lista por um longo tempo, por causa do senso de resiliência de seu povo. Como em qualquer divórcio difícil, o confronto caro de Bangladesh com o poderoso Paquistão deixou-o drasticamente destituído. Embora recentemente, a partir do impulso econômico divulgado do país e de projeções promissoras, pelo menos o que é exibido em planilhas extravagantes, deu a Bangladesh uma esperança de abandonar a ajuda externa e as inquisições de organizações financeiras internacionais.

Ao começar a prestar mais atenção depois da minha avaliação inicial da transformação econômica mágica de Bangladesh, uma série de informações e imagens horripilantes começou a explodir em todas as grandes agências de notícias e mídia social. Em 30 de novembro de 2012, fiquei alarmado ao saber que 110 trabalhadores de Bangladesh foram queimados vivos em uma fábrica de roupas em Dhaka, a capital de Bangladesh. Ainda não totalmente recuperado do choque, em 1º de dezembro de 2012, 112 trabalhadores de Bangladesh foram novamente queimados vivos em outra fábrica de vestuário de Dhaka. E em 14 de dezembro de 2013, aconteceu novamente. Em todos os casos relatados, alguns trabalhadores foram queimados até a morte ou mortos por asfixia, enquanto os fracos foram queimados até a morte e os desesperadamente corajosos arriscaram-se atirarando-se das poucas janelas desobstruídas para inevitavelmente enfrentar a morte.

As fábricas escravizantes de Bangladesh ajudaram a elevar a nação ao primeiro lugar dos exportadores de vestuário, ficando atrás apenas dos chineses. A frequência destes crimes expôs a corrupção desenfreada pela relutância do regulador em tomar ações concretas. No entanto, há muitos bastardos alimentando esse monstro. Almas ainda estão em chamas.Quem deveríamos mandar para a guilhotina? De um lado, vejo os supervisores agressivos, obcecados pela margem de lucro. Há relatos de que eles ordenaram que os trabalhadores voltassem para suas estações, mesmo quando a fumaça encheu o ar e os alarmes dispararam. Mas este grupo não é menos malvado do que as autoridades que protegeram os gananciosos donos de fábricas de qualquer processo enquanto intimidavam, prendiam, torturavam e até matavam aqueles que ousavam desafiar suas práticas cruéis. E quem é a pessoa que vejo no espelho? Ao comprar lixo nas lojas do Walmart agora situadas em todos os cantos suburbanos, ultrapassando os cartões de crédito e atropelando outros compradores raivosos na "Black Friday" comprando mais lixo e alimentando esse fenômeno global de sempre, tentando obter mais merda, estou patrocinando sistema imoral. Depois de uma pausa muito curta, cheguei a um veredicto. Devido à esmagadora evidência de negligência e egoísmo, por conta de homicídio voluntário, descobri que nós, os compradores, éramos culpados.

Embora esteja longe de como eu lidaria com qualquer senso de culpabilidade, o reverendo Thomas Robert Malthus, o primeiro professor de economia e, coincidentemente, um dos economistas favoritos do terceiro mundo (sério?!), certamente teria batido com um bastão de ferro na República do Níger por sua coragem em tentar obter uma fatia da exploração de urânio em seu solo pela empresa nuclear parasita estatal francesa Areva. Qualquer ser humano sensato acharia ultrajante que a empresa não pagasse impostos de exportação sobre o urânio, nenhum imposto sobre os materiais e equipamentos usados nas operações de mineração, e um royalty de apenas 5,5% sobre o urânio produzido no Níger. Também seria lamentável que a Areva (que produziu um quinto do urânio do mundo em 2012) sob a alegação de que um centavo a menos do bizarro pacote de benefícios tornasse seus negócios no Níger não lucrativos. O tal um décimo da produção anual de mineração de urânio do mundo da República do Níger em comparação com a pobreza vergonhosa do país é um fato conhecido paradoxal. É uma aberração que, em torno da segunda maior mina de urânio do mundo, uma em cada quatro crianças com menos de cinco anos morra por causas relacionadas à fome.

Então, novamente, Malthus teria dito que a fome no Níger tem sido um ciclo permanente, tornando-se uma realidade, e as crianças neste país devem estar acostumadas a passar fome. E quanto à pobre França? O embargo petrolífero da OPEP de 1973 forçou esta orgulhosa nação a abraçar a energia nuclear para se libertar da dependência do petróleo estrangeiro. Infelizmente, esta mudança fatal tornou o Níger, uma de suas ex-colônias, mais uma vez crucial para seus interesses nacionais. No entanto, o sacrossanto Princípio de Econômico de Pareto obriga a humanidade a não abrir mão dos benefíciostrazidos pela energia elétrica que se tornou habitual na França para salvar vidas no Níger. Se alguém no Níger preferir desafiar a "vontade de Deus", o bom Reverendo Malthus sugeriria que eles deveriam parar de procriar ou fazer as malas, atravessar o deserto do Saara, lidar com o sutil racismo do Magrebe no Norte da África, dar um mergulho Mar Mediterrâneo e tentar cruzá-lo sem ser detectados as costas abertamente racistas da Itália. O que está reservado para os mais sortudos que sobreviveram a um êxodo tão traiçoeirono final do arco-íris? Uma vida aprisionada nos humilhantes guetos romantizados da França, enquanto outros serão enviados de volta, gratuitamente, ao seu país esquecido por Deus, o Níger. Alguns teimosos farão esta jornada de novo e de novo, até que recuperem o juízo e percebam seu destino - a vida no Inferno. Tão educadamente como Malthus previu: "Na loteria da vida, os pobres não foram sorteados."

"O mundo não vai acabar, mas a humanidade é mesquinha o bastante para fazer qualquer tipo de redefinição, é por isso que o mundo se redefine de vez em quando."
- Chia A. Abdulkarim

As civilizações que dominaram o antigo mundo ocidental, como os assírios, egípcios, persas, gregos e romanos, são consistentes em sua barbárie e escravização de outras nações. Para o Novo Mundo, os europeus trouxeram com eles a escravidão industrializada, a guerra, a distribuição global de álcool, doenças e religião (vestes negras), conceitos que destruíram a espinha dorsal e o ambiente cultural nativos das Américas doNorte e do Sul. No entanto, o mais destrutivo foi o efeito do egoísmo (individualismo) e ganância (Capitalismo), fúrias combustíveis desconhecidas para os nativos americanos na época.

A existência de relatos terríveis de comerciantes de peles abatendo "selvagens" (nativos americanos), incluindo mulheres e crianças inocentes, poupando apenas os "Bois-Brûlés" como foi amplamente aceito durante esse tempo. Ainda não consigo compreender que o escalpelamento, a prática de remover a pele do topo do crânio que se tornou um ritual comum, já esteve em voga.Mas em 1791, um grupo religioso entusiasta ofereceu cem dólares por cada couro cabeludo de índios hostís americanos, desde que ambas as orelhas ainda estivessem unidas (Cleland, 1950). Aleluia, em meados dos anos 1800, com a mudanças da moda na Europa, os fabricantes começaram a usar seda em vez de feltro, o que provocou um colapso nos preços das peles e o fim do comércio. Criaturas inescrupulosas como Jacob Astorhave deixaram marcas inegáveis nas práticas de comércio como conhecemos hoje, e sua American Fur Companydeixou uma triste pegada para os capitalistas e corporações da época atual. Percebendo que o mascote da minha alma mater na Universidade Estadual da Flórida e dos torcedores do Redskins (o time de futebol americano) eram caras brancos que pintavam o rosto, fiquei preocupado que o resgate dos índios americanos nunca chegou nos Estados Unidos. Mas andar pelos palácios de jogos geridos por tribos nativas americanas me trouxe uma certa segurança de que os descendentes dos poucos que foram preservados e enjaulados em reservas estão indo muito melhor do que eu. Estão?

Outra conta trágica é o genocídio (cerca de 2 a 15 milhões de congoleses) na "Zona de Livre Comércio do Congo", que é conhecido por ter financiado o rei Leopoldo II da pequena busca de grandeza da Bélgica, construindo impressionantes arquiteturas públicas e privadas em seu Reino. As aldeias eram obrigadas a cumprir as cotas de coleta de borracha, e as mãos dos indivíduos eram cortadas se não atendessem aos requisitos. Infelizmente, alguém que visitou o Museu Real para a África Central poderia dizer que essas alegações são falsas e nascem da minha ingratidão para com os belgas e da minha imaginação distorcida; não há menção às atrocidades cometidas no Estado Livre do Congo, apesar da grande coleção de objetos coloniais do museu. Não deve haver qualquer dúvida na mente de alguém que, sem a invenção da borracha sintética, principalmente de derivados de petróleo que, por sua vez, multiplicaram os déspotas lunáticos árabes, o perverso Leopoldo II e, posteriormente, a violenta colonização do Congo como um todo teria dizimado meu povo. Eu sou um dos beneficiários diretos dessa ingenuidade assustadora.

O pesadelo congolês continua acontecendo mesmo depois do fim da colonização. Por mais de uma década, a maldição congolesa de ter uma abundância de cobiçados depósitos minerais eleva as atrocidades infligidas a homens, mulheres e crianças inocentes a um patamar de genocídio mais uma vez (estima-se que seis milhões de congoleses já morreram e continuam morrendo). O Coltan (abreviação de columbita e tantalita e conhecido industrialmente como tântalo) está financiando as aspirações imperiais dos déspotas regionais. Espero que o Vale do Silício revele os novos gadgets deste ano e desejo, mais uma vez, que o mundo em breve desenvolva uma forma alternativa de fabricar nióbio e tântalo usados em produtos eletrônicos além do coltan, o que porá fim à atual forma de fazer negócios.

Como uma confissão, senti-me seriamente doente e

enojado com a humanidade como um todo enquanto escrevia os três primeiros capítulos deste livro, porque, em nossa base, estamos todos conectados por nossa consciencia. Então eu puxei uma conversa inspiradora que tive com meu sogro de minhas memórias numa parte esquecida do meu cérebro. Frustrado com seus negócios e com a montanha-russa da vida pessoal, com mais baixos que altos nos últimos tempos, ele atacou que o mundo está cheio de gente ruim. Tentei om dificuldade diluir sua visão sombria do mundo, dizendo, "Eu gostaria de acreditar que não há muitas pessoas más em nosso planeta, e sim muitas pessoas que na verdade escolheram fazer coisas ruins."Infelizmente, nós renunciamos à satisfação pela gratificação -"Gangnam Style!!"

II

POLÍTICO

INTERLÚDIO II

Parece que toda vez que eu me aproximo de você
Algo vai à loucura aqui dentro
Com medo da mãe de toda destruição
A glória é apenas uma ferramenta para auto-humilhação
Pérolas brilhando de Marte
A visão de mergulhar em estrelas esplêndidas
Amantes afundando em carros feios
Pego naquele imenso fogo intrigante em vôo
Ruborizo se sentindo nada menos que uma lápide
Escudo de coração de uma bela invasão
Ratos que sobem pela lápide
Pombas jogando pedras e ouro
Cobras que parecem felizes perdidas no frio
Macacos balançando em qualquer raiz que possa conter
Pegos naquele fogo melancólico intenso na vida
A pomba não pode mais voar para longe
Enquanto a magia vai embora
Esperando crescer asas novamente no dia
Não mais voará em sua baía
Arrogância real estirada

Ambiente sagrado xenofóbico
Tragédia esperando a última dança
Pensamentos impertinentes envenenando a cadência
Pego naquele fogo trágico e brilhante
Se ainda não entendeu
Apague sua luz agora
Encontre o chamado pessoal agora
Revele o que está experimentando
Pego naquele fogo miserável em minha mente

5

FALSAS PROFECIAS

"Aqueles que estão realmente convencidos de que fizeram progressos na ciência não exigiriam liberdade para as novas visões continuarem lado a lado com as antigas, mas a substituição das novas visões pelas antigas."

- Vladimir Lenin

No início de 2014, deixei escapar a criança hiperativa que há em mim, correndo em círculos ao redor de nossa cozinha com os braços erguidos como o grande Muhammad Ali, levantando suspeitasna minha esposa de que eu havia voltado a beber. Ainda não... Estava simplesmente impressionado com a notícia de que os Dongria Kondh foram capazes de nocautear o conglomerado gigante Vedanta de perturbar as colinas Niyamgiri por suas ricas reservas de bauxita. A decisão em favor da tribo oferece um nível reconfortante de justiça, vindo de um país onde os "Khap Panchayats", tribunais tribais da Índia, ordenaram o estupro coletivo de uma mulher indiana de 20 anos; uma punição por ter um relacionamento com outro indiano, mas de uma comunidade diferente.

As contradições consistentes da Índia são exaustivas para qualquer historiador apaixonado. Olhando as fotos do belo Taj Mahal, a paz e a serenidade encontrariam um caminho para o coração de um serial killer. Devo confessar que realmente respeito a apreciação da Índia pelo autêntico almíscar do corpo e o cheiro asfixiante de culinária; meu nariz sensível e defeituoso e o medo de um ataque de asma me impedem de viajar para esta terra encantada e perambular por aquele gigantesco mausoléu. A Índia é um país onde um pedófilo seminu educadamente pediu aos poderosos conquistadores ingleses que se retirassem e, surpreendentemente em 1947, eles se foram. Então, novamente, o passado desta nação é tão rico e impressionante quanto o presente. No início do segundo milênio, a nova pilha de rúpias da Índia ajudou a nação a lançar uma ofensiva encantada no Ocidente para ser vista como vanguarda. Nos dias de hoje, a Índia não apenas expandiu exponencialmente sua indústria de serviços, como também abriga centros de pesquisa e desenvolvimento de líderes no comércio de alta tecnologia. A quantidade e a qualidade das patentes concedidas e o corte do desenvolvimento de tecnologia de ponta na Índia têm sido tão bons quanto no Vale do Silício, a Meca dos geeks, nos Estados Unidos.

Uma das características mais intrigantes da cultura da Índia são os milhares de anos de transformações culturais infundidas com influências religiosas e filosóficas hindus, cristãs, sikhs, budistas, islâmicas e outras. Na superfície, a percepção dos indianos da herança de sua grande civilização parece ter se misturado perfeitamente com o caminho escolhido pelo país para o desenvolvimento e a prosperidade, uma forma dobrada do capitalismo. Todos nós conhecemos bem a receita capitalista única de um país com uma quantidade inconfundível de depósitos minerais: "Perfure, baby, perfure"! Mas se ousarmos arranhar a fina camada da lava cultural, ficaremos presos numa mistura perfumada e pegajosa do curry de disputas e cleptomania que nos sugam histórias heróicas como Avatar, que mesmo os roteiristas brilhantes em Hollywood ou Bollywood poderiam ter esbofeteado ao escrever um final épico maior.

Para os Dongria Kondh, as Montanhas Niyamgiri são uma montanha sagrada, a sede do deus deles que precisa ser preservada a qualquer custo para manter seu sustento. Para a Vedanta, o mesmo topo da colina é a caverna de Ali Baba, uma mina de bauxita que precisa ser aberta a qualquer preço para a expansão de Anil Argawal. Essas descrições e necessidades muito distantes colidiram e inflamaram a luta. Os fervorosos defensores da Vedanta não eram apenas políticos corruptos, mas também membros da tribo ingênua que esperavam uma parte substancial da riqueza do projeto de mineração. Estes renegados foram desalojados de suas terras e, em troca, receberam um conjunto de casas velhas de concreto cercadas por arames farpados, o trabalho desgastante de mineração, um barraco usado como escola para seus filhos e uma promessa de mais dessas bênçãos/insultos. No espírito do mesmo esquema ultrajante de predar os inocentes que a Vedanta e outros conglomerados perpetuaram diretamente ou se escondiam por trás de suas subsidiárias (por exemplo: a mineração de cobre Konkola,em Zâmbia) em todo o mundo, nenhum povo indígena que possuía terras além dos recursos procurados chegou a receber ações diretas do projeto lucrativo.

Do nosso ponto de vista, os Dongria Kondh são relativamente pobres e "incivilizados"; não foram invadidos por mega shopping centers e caixas eletrônicos. Infelizmente, eles têm que recorrer à caça de sua carne fresca e colher produtos frescos e gratuitos das árvores para alimentar suas famílias. Como um analista/bandido contratado pela Vedanta disse, os Dongria Kondh são muito pobres no topo com tanta riqueza sob seus pés. Para este atirador capitalista, a única maneira de remediar essa situação e reverter este quadro é destruir o ecossistema e escavar o rico minério.

Enquanto eu observava o imenso mapa mundi colado na parede do nosso quarto, meus olhos se voltaram para o Delta da Nigéria, onde a mesma promessa foi feita uma vez. Nesta região, as pessoas não se beneficiaram da perfuração de petróleo. Em vez disso, eles experimentaram o envenenamento das águas e a destruição da vegetação e da terra agrícola por derramamentos de petróleo que empurraram mais indígenas para o abismo da pobreza extrema; suas circunstâncias corrompidas desencadearam as insurreições indígenas do Delta, tentando destruir os oleodutos num ato desesperado de angústia.

Essa tática voraz executada pelas empresas em seu núcleo não se limita a motivações raciais de superioridade. Fui ao País de Gales e visitei o vestígio dos abusos ingleses e as condições desumanas em torno das cidades de mineração de carvão galesas. Cardiff, a capital e a maior cidade do País de Gales, já foi o maior porto exportador de carvão do mundo. No entanto, não há vestígios de riqueza a serem encontrados. Como resultado domeu tour du monde, aplaudo o implacável pragmatismo do analista indiano. No entanto, a bela imagem que ele pintou nunca se materializou em nenhum lugar desta galáxia. É uma falsa profecia.

"A globalização e o livre comércio estimulam o crescimento econômico e levam preços mais baixos a muitos bens."
    - Robert Reich

Durante séculos, há um grande impulso para glamourizar a globalização e o livre comércio que enfatiza as virtudes do Capitalismo; a eficiência com que os preços levam informações entre compradores e produtores e alocam recursos. Os monges capitalistas passaram a considerar este tema como um artigo de fé, como ouro ou esterco. E se seguirmos Robert Reich, o duende, para o outro lado do arco-íris, vamos aceitar esta utopia como verdadeira. Eu segui!!! Assisti seu documentário "Inequality for All". As histórias tristes e atraentes quase me deixaram cego para o fato de que ele não trouxe novidade alguma, não acrescentou nada de novo sob o sol escaldante.

Por algum tempo, comecei a fingir que prestava mais atenção à minha dieta. Tomei consciência de que meu relacionamento com o açúcar estava bem fora dos gráficos. É um vício que saiu de controle desde que me mudei para os Estados Unidos. Eu era ingênuo em achar que a abundância e o preço relativamente baixo do açúcar se deviam à eficiência da produção infundida por mudanças tecnológicas. Mal sabia eu que, por meio de contribuições de campanha, os irmãos cubanos Alfonso e Jose Fanjul traziam congressistas norte-americanos na rédea curta. Seu sucesso, segundo estudos independentes e do governo, eu, o consumidor, paguei um preço terrível. Fiquei consternado ao saber que os subsídios ao açúcar aumentam o preço dele nos Estados Unidos, custando bilhões de dólares aos compradores anualmente.

E as pessoas que vivem do outro lado do arco-íris? Estas são pessoas de onde seus governos querem aumentar o salário mínimo, e os psicanalistas no ocidente advertem e aconselham a não fazer isso com a desculpa de que tornaria seus países menos atraentes para molestadores financeiros e menos competitivos na pista de Fórmula 1 mais barata do Grand Prix domercado de trabalho. Eu aconselharia esses países a esquecer o aumento do salário mínimo por outro motivo; não é uma solução para a injustiça sócio-político-econômica ou simplesmente para as almas despreocupadas, a desigualdade.

Mas mesmo as pessoas do outro lado do arco-íris aderem à Teoria da Abstinência de Nassau William Senior, construída em torno do mito de que as pessoas ficam ricas porque não gastam e da interpretação distorcida da ilusão da Mão Invisível de Adam Smith. Surpreende-me que esta desculpa patética ressoe através das fronteiras culturais e geográficas. Olhando ao redor do mundo, Mukesh Ambani, dono da residência de um bilhão de dólares, não é o primeiro ou o único kahuna que gosta de flexionar seus músculos financeiros. E quanto ao magnífico barco de Steve Jobs que ele encomendou antes de morrer para cutucar o ego dos oligarcas russos? O que dizer das montadoras supercaras, como a Bugatti e a Rolls Royce, que não conseguem fabricar carros suficientes para acompanhar a crescente demanda global? Há muitas evidências que remontam a edifícios como as pirâmides egípcias e as orgias romanas que esmagam a teoria de Senior.

Questões fundamentais sobre a moralidade da acumulação de riqueza foram esquecidas há muito tempo. A coroação da ganância como a virtude máxima levou à explosão de conspirações financeiras que sugam o sangue. Estamos vendo o florescimento das Zonas de Livre Comércio, que são enormes fábricas de equipamentos têxteis perto das docas que dão uma indicação clara da sofisticação e abrangência do esquema de exploração. E para estes molestadores econômicos modernos, é vital que as zonas sócio-econômico-estupradoras estejam localizadas em torno dos principais portos marítimos, aeroportos internacionais e fronteiras nacionais. Tal abordagem lhes dá uma vantagem tática; quando os trabalhadores se atrevem a exigir seus direitos e protestam contra baixos salários e péssimas condições de trabalho, tudo o que os donos têm a fazer é fechar as lojas e se mudar para outro país do terceiro mundo cheio de economistas e políticos antipatriotas.

O que a globalização e o livre comércio fizeram com sucesso é obrigar os países desenvolvidos a subsidiar grandes setores de suas indústrias para obter orgulho nacional e usar seu poder para manter o equilíbrio com outros países fracos e obedientes. E esse esquema de sequestro tem sido lucrativo para seus políticos corruptos. Infelizmente, o efeito colateral real foi sentido pelo resto do mundo sem poder. Os Estados Unidos dominaram e conquistaram todas as medalhas de ouro neste jogo. Enquanto nosso amigo Robert Reich estava servindo como Secretário do Trabalho dos Estados Unidos e fazendo campanha pelo aumento do salário mínimo, Bill Clinton segurava a Jamaica pelo pescoçoao mesmo tempo companhias de laticínios altamente subsidiadas do Estado de Arkansas chutavam as bolas do setor de laticínios jamaicano. No documentário "Life and Debt", agricultores locais explicam como as importações de batata, cebola e cenoura dos Estados Unidos os tiraram dos negócios, dizimando suas aldeias inteiras.

Robert Reich tinha idade suficiente para experimentar uma consequência crucial da dominação do capitalismo e de seu tentáculo político mais ativo, a democracia. Sua memória seletiva deve ter sido apagada no auge do reinado da AT&T; o governo patrocinou o monopólio autocrático sobre as linhas telefônicas norte-americanas, que durou mais de um século. Em nome do capitalismo por cento e sete anos, as inovações na tecnologia de comunicação nos Estados Unidos foram retidas porque qualquer invenção que não fosse de propriedade do único provedor de serviços telefônicos dos Estados Unidos foi proibida e inventores externos foram proibidos de testar suas invenções. Testar qualquer invenção nas linhas telefônicas sofisticamente seguras era um crime odioso severamente punível por uma longa sentença de prisão federal. E se você morasse em áreas rurais ou cidades que a empresa não considera lucrativas, tudo bem, você estava sem sorte.

Como resultado de meu tour du monde "real", aplaudo a inquietante racionalidade do duende e as conclusões simplificadas. Entretanto, não há ouro no começo nem no fim deste arco-íris. É uma falsa profecia.

"A religião é o que impede os pobres de assassinarem os ricos."
- Napoleão Bonaparte

Em 25 de fevereiro de 2014, acordei com notícias que não imaginaria nem em um milhão de anos: um ato desprezível de puro mal cometido por negros africanos em negros africanos em um país negro africano. O grupo extremista islâmico nigeriano invadiu o Colégio do Governo Federal na cidade de Buni Yadi, no estado de Yobe, e massacrou meninos enquanto eles dormiam. Algumas dessas crianças inocentes tinham escapado com ferimentos de balas apenas para morrer de seus ferimentos mais tarde. Por alguma razão, esses lunáticos pouparam a vida das meninas. Estes maníacos apontaram para qualquer um que considervam"infiéis". Sua lista inclui clérigos islâmicos, líderes muçulmanos e figuras políticas, como ex-chefes militares de Estado, os generais Muhammad Buhari e Ibrahim Babangida.

Além da ideia de criação de um estado islâmico e outras exigências ridículas, a essência de sua queixa reflete a ira das massas não-autorizadas. Os nigerianos estão fartos de escândalos intermináveis, em que a classe de elite é acusada de desviar bilhões em dólares de petróleo dos cofres do país e assistir às exibições públicas de extravagância da classe de elite. O Islã não é culpado pelos atuais massacres da Nigéria. O grupo Boko Haram (que em Hausa significa: a educação ocidental é má) assumiu o comando de onde grupos insurgentes cristãos como os do Delta do Níger, mas com crueldade obscena supérflua. Como o fosso entre os pobres e os ricos do país produtor de petróleo número um atinge níveis de loucura, deixando as minhas emoções de lado, não é de surpreender que o desemprego e a fome motivem os jovens a superar o medo da tortura e da prisão para embarcar cegamente nessas cruzadas.

Napoleão Bonaparte devia saber; ele saiu de uma instituição cujo único propósito era proteger os interesses das pessoas ricas da nação. Os exércitos têm sido tradicionalmente usados não apenas para conquistar e roubar outros países mais fracos ou ingênuos, mas para esmagar os pobres que ousam demonstrar sua insatisfação com a classe dominante. E esses dias não são diferentes. A alegação de que o medo de uma criatura invisível e poderosa impede os pobres de estrangularem os ricos é tão absurda quanto o mais poderoso sonho de um pigmeu de ter o mundo inteiro a seus pés. Quando foi cônsul da França, o impulso imediato de Napoleão para a reforma do código judicial com base nos novos princípios de igualdade de todos perante a lei mostra que ele estava bem ciente de que as prisões foram construídas pela elite para preencher com osdesafortunados. Embora o novo código substituísse códigos regionais contraditórios e decretos reais, isso não alterou o sistema que envolvia os ricos e sua riqueza em algodão.

Grilhões e outros pobres em fardas são formas eficazes para manter os pobres na linha. Mas o melhor equipamento nas caixas de ferramentas dos ricos é o acadêmico. Perdendo o senso de moralidade e da vergonha, as instituições acadêmicas certamente foram boas para seus generosos benfeitores. Nenhum outro campo dominou a legitimação das injustiças sócio-político-econômicas do capitalismo, desde sua concepção como uma ciência tal qual a economia. Eu achei apavorante que a troca e o comércio "burro", que são alguns dos sistemas de comércio mais igualitários, são o objeto de ridicularização para os aprendizes de feiticeiros políticos e econômicos de hoje. Esses combatentes premiados nos enganaram a todos para acreditar que, ao longo do tempo, um pequeno grupo possui todos os meios de produção. Mesmo grandes mentes como Karl Marx haviam caído nessa armadilha e transmitido avidamente a fábula ultrajante. Para sua defesa, ele mais tarde tentou se redimir puxando o tapete vermelho dos pés dos capitalistas questionando sua origem. No entanto, esse conceito desanimador e imprudente emascula trabalhadores. A verdade precisa ser contada, mas não agora. No entanto, você concordará comigo que o desequilíbrio perpétuo sócio-político-econômico é causado por um pequeno grupo de vilões que descobriram como controlar todos os outros meios de produção e sobrevivência pela espada ou manipulação em massa. Isso vale para sistemas de comércio orientados para o oeste adaptados pelo resto do mundo. E hoje, o consenso global é que os capitalistas merecem ser donos de tudo, porque foram rotulados como "criadores de emprego".

Por que nos apaixonamos pelos tolos? Eu realmente acredito que qualquer pessoa como Sir Paul Collier, que afirma que a colonização não tem nada a ver com a bagunça ininterrupta africana que testemunhamos hoje, mereça a guilhotina! E juro que estou perto de aplicar o método chinês da tortura da água na próxima senhora mesquinha e branca que tocarno nome da confusa Dambisa Felicia Moyo. Tenho nojo que a eminência de Dambisa e sua expansão na consultoria de comércio de escravos africanos tenham custado desacreditar o trabalho de africanos e organizações não-governamentais africanos incríveis e honestos que eu pessoalmente encontrei. A maioria das pessoas não tem muito, mas dedicou a vida a ajudar os menos afortunados. A ajuda é uma manobra transitória de alívio para as pessoas atingidas pela raiva ou pelos caprichos da Mãe Natureza, ou para uma sociedade que sofre desarticulações sócio-político-econômicas, e as obras são tomadas com esse propósito e contexto puros.

Certamente Dambisa, Collier e os outros bufões apazi-
guam a consciência dos brancos e os alivia de um sentimento de culpa em relação à apatia. A consequência
devastadora da aceitação de sua postura sem sentido é a
indicação do pouco que aprendemos sobre as implicações
sociais e o perigo da propaganda de Joseph Goebbels.

Os empréstimos e subsídios são concedidos a nações de
baixo nível que não estão sob a égide de razões humanitá-
rias? É fácil montar um ataque a empréstimos frágeis e
conceder subsídios que enfaticamente diminuem o fato de
que a ajuda, em qualquer forma que se possa imaginar,
funciona. Qual é o problema real? É irrelevante para o
crescimento da maioria dos benfeitores e para as economias dos principais beneficiários. Por quê? Ideologias
caprichosas dos doadores. Do outro lado da trilha, a dívida
tem funcionado para países ocidentais e nações qualifi-
cadas como desenvolvidas para manter suas economias à
tona e alimentar seus gastos viciantes.

Minha esposa, como muitos outros tolos, racionaliza
que a generosidade esporádica dos ricos nasce da culpa. Se
ela estivesse certa, tal culpa teria feito Bill Gates doar toda
a sua fortuna e ações na Microsoft, e sem dinheiro em sua
conta bancária, Gates teria que viver como um monge
pelas próximas gerações. Só que ele não doou! A única
explicação coerente seria que, tendo provado a boa vida na
terra, a mera ideia de prolongar o passeio confortável além
da morte estimula capitalistas implacáveis como John
David Rockefeller, Andrew Carnegie, Patrice Motsepe,
bem como monarcas sem coração e déspotas a beijar anéis
de religiosos, ou, depois de roubar as massas, tentar sair do
inferno através de filantropia. A religião é a única coisa
que impede que cleptomaníacos e tiranos aniquilem os
pobres.

Em todo o mundo, a resposta esmagadora à desigualdade sócio-político-econômica tem sido a sofisticação do lucrativo sistema de encarceramento e a expansão da aplicação da lei. Ao longo das minhas viagens, encontrei o mesmo esquema de porta giratória que prende os pobres não ameaçadores. Não importa onde eu vá e com um pouco de esforço, eu posso desenhar uma fornalha ardente de ataques agressivos e sequestro dos pobres que é alimentado pela polícia todas as noites. Mesmo depois de serem liberados, multas pesadas os amarram em um sistema judicial para gerar medo e dinheiro para manter todo o parque temático. Eu tenho empatia com o sotaque da Córsega de Napoleão e a má interpretação do francês. No entanto, alegar que a religião é o que impede os pobres de assassinarem os ricos é sua percepção errônea auto-imposta. É uma falsa profecia.

"Para cada monarquia derrubada o céu torna-se menos brilhante, porque perde uma estrela. Uma república é a fealdade à solta."

\- Anatole France

Deixe-me ser franco, desdenho a monarquia como um produto de invasões brutais e tempos sombrios, e mesmo em seu estilo rejuvenescido capitalista, as monarquias perderam sua relevância no sistema econômico moderno. Por que racionalizar conceder a uma família e a seu pequeno círculo de amigos o pleno direito de extirpar toda uma comunidade? Linha de sangue? O argumento do turismo distorce o impacto real da monarquia. Sim, o Imperador japonês atrai muitos turistas que potencialmente geram receita e atividade econômica consideráveis. Sim, potencialmente. Não há fatos para sustentar isso, e os custos assombrosos associados à manutenção dos shows de pôneis orquestrados por suas "altezas" à custa dos bolsos de seus cidadãos parecem mais uma armadilha monetária do que uma atração turística. A religião é frequentemente usada para justificar a necessidade de um monarca. No entanto, o senso comum deve prevalecer sobre esse pretexto ridículo. Então, novamente, as repúblicas têm seus próprios reis e rainhas. Onde os monarcas reivindicam direitos de sangue, líderes políticos, magnatas e CEOs, apenas pensam que são melhores que todos os demais e devem ser compensados como tal.

É difícil tolerar as extraordinárias e notáveis vantagens reprimendas desses estimados "super-humanos". Para depender da excentricidade ou depravação de suas mentes, estes benefícios variam de mansões, viagens exóticas de "conferências", carros luxuosos e o poder à devassidão devoradora. A "Umhlanga" é real! Acontece na primavera todos os anos na minúscula nação da Suazilândia, durante a qual o pervertido Rei Mswati III saliva em um desfile de milhares de virgens casualmente nuas, incluindo suas próprias filhas, onde ele geralmente escolhe uma nova adição à sua frota de esposas. No entanto, não é nada em comparação com Catarina, a Grande, da Rússia, de sessões íntimas regulares com cavalos, quando ela fica sem pretendentes dispostos. E nós não saberíamos por que o Rei da Espanha acumulava milhas em viagens africanas se não quebrasse o quadril e tivesse que ser levado de volta para uma cirurgia de emergência. O rei Juan Carlos da Espanha, fotografado na frente de um elefante morto com um rifle, foi removido do assento honorário presidencial da World Wide Fund da Espanha. O atraso da monarquia está no poder de sua segunda camada, a aristocracia. Fiquei perplexo ao saber que, por mais moderno que os ingleses afirmem ser, sua aristocracia ainda é dona da maior parte da terra na Grã-Bretanha e mantém noventa assentos na Câmara dos Lordes.

Há também muitos chefes de estado que são monarcas de fato. A longa lista de maníacos que ocupam a mais alta república do poder há mais de vinte anos inclui Paul Biya, de Camarões, Mohamed Abdelaziz, da República Árabe Saharaui Democrática, Alexander Lukashenko, da Bielorrússia, e Islam Karimov, do Uzbequistão (maioria de chefes de estado na África do que em quaisquer outros continentes). E seguindo seus passos e usando os mesmos truques, há um número de novos turcos que atestam a capacidade de esmagar o recorde de Paul Biya.

O que realmente pode dar errado quando o apetite do chefe de Estado pela grandeza se infiltra em sua psique? Pegue o louco da aldeia, Jean-Bédel Bokassa, um oficial militar que chegou ao poder depois de um golpe de Estado e de onze anos como presidente, decidiu coroar-se como imperador, seguindo os passos de seu ídolo, Napoleão. A cerimônia de posse, que incluiu uma coroa de cinco milhões de dólares incrustada de diamantes, levou à falência a nação já empobrecida. Três anos depois, a França teve que pôr fim ao seu reinado manipulado de terror misturado com o melaço do Capitalismo depois que ele ordenou o massacre de crianças em idade escolar que se recusavam a usar uniformes feitos em uma fábrica que ele possuía.

Eu admitiria que há um monte de repúblicas feias lá fora, mas coisas piores poderiam ser ditas sobre monarcas gordos e monarquias paranóicas. Além disso, as tentativas de uma sociedade moderna de justificar uma monarquia

como simbólica para a identidade de uma nação são patéticas. Quando você apaga motivo tolo de uma monarquia,
o que resta é a sugestão de que nações com um arranjo de
humilhação auto-imposto se recusam a crescer. Esta explicação ferve bem com o último e quase último soberano de
Tonga, Tāufaʻāhau Tupou IV, que afirmou que seus servos
são como crianças; precisam de uma figura paterna para
guiá-los. Por outro lado, o que há a dizer sobre um pai
problemático cuja única convicção é perpetuar a longa
tradição de molestar seus próprios filhos? A realidade da
mudança de sentimentos alcançou um deles, Gyanendra
Shah, o último rei do Nepal. Suas afirmações equivocadas
de que ele nunca se tornaria irrelevante para seu povo
foram esmagadas, e a monarquia foi abolida. O que dizer
da declaração de Aristóteles "A monarquia é o único
sistema de governo onde o poder é exercido para o bem de
todos?" Infelizmente, é uma profecia imoral!

"Pessoas pobres são aquelas que só trabalham para
tentar manter um estilo de vida caro e sempre
querem mais e mais."
- Jose Mujica

Os historiadores não chegam a um consenso para
determinar a relação causal entre vários eventos e a política econômica do governo durante a Grande Depressão.
Para economistas keynesianos, a recessão foi causada pela
bolha econômica. Os monetaristas acreditam que a
Grande Depressão foi causada pelo encolhimento da oferta
monetária. Novos macroeconomistas clássicos argumen-
taram que várias políticas do mercado de trabalho

impostas no início causaram a duração e a severidade da Grande Depressão. A escola austríaca de economia acusa as decisões do banco central que levaram ao mau investimento. Mas devo dizer que os economistas marxistas entenderam a depressão meio errado, um sintoma do classismo, e a meio caminho certo, sua instabilidade inerente ao modelo capitalista.

No entanto, há um tom acusatório que sugere que a ganância dos pobres levou a um cataclismo econômico como o da Depressão de 1929. Desapareceu há muito tempo de nossas mentes que Arthur William Cutten, um dos especuladores mais bem-sucedidos da América e na década de 1920 foi um dos americanos mais ricos. Mas o mais importante é que ele era o líder dos consórcios, o que impulsionou artificialmente o mercado de ações a uma alta histórica na primavera de 1929, levando à Grande Depressão em outubro daquele ano. Você já ouviu o nome Jesse Livermore, também conhecido como o "Grande Urso" e o "Wall Street Wonder", que foi um dos mais extravagantes e bem-sucedidos especuladores de mercado da história de Wall Street? Ele também foi um dos mais proeminentes especuladores acusados de ter precipitado a Grande Depressão de 1929, durante o qual ele se gabou em seu livro de ter ganhado mais de US $ 100 milhões.

A Depressão de 1929 não aconteceu porque as pessoas estavam procurando emprego e, de repente, não conseguiam encontrar nada. Não sei se devo ficar chocado ou surpreso quando alguns sugerem que a Depressão foi causada pelo desejo do povo de ter certas expectativas salariais que optaram por ficar em casa em vez de se escravizar por menos. Quando qualquer sociedade dissociar suas salvaguardas éticas, um grupo de indivíduos perversos verá um buraco de tatú para se infiltrar e formar cartéis para distorcer as simbioses estabelecidas para seu ganho. A pressão e a veracidade com que buscam os ganhos sempre levam a uma crise que vai de social, política a econômica.

Agora, por favor, não vamos bancar o avestruz. A Grande Depressão de 1929 não se fou causadapor baixas taxas de crescimento monetário, resistência trabalhista a um corte salarial e preferência por lazer em vez de trabalho. Caso contrário, o mesmo deve ser dito sobre a Depressão Alemã, que levou à ascensão do nascente Partido Nazista e Adolf Hitler em 1933. Se foi verdade naquela ocasião, deve ser verdade agora. Qual é o seu veredicto sobre o recente estouro do mercado imobiliário? Nós experimentamos a última crise econômica que abalou a fé global no capitalismo. Se você ainda acredita no slogan dos economistas atuais, peço gentilmente que remova seus óculos 3D e humildemente observe a verdade: crises que variam de sociais, políticas a econômicas, assim como as guerras civis, são fabricadas ou causadas por cartéisque exageraram. E isso não é profecia, é arealidade!!!

"Todas as manhãs na África, uma gazela acorda, sabe que deve fugir do leão mais rápido ou será morta. Todas as manhãs na África, um leão acorda. Sabe que deve correr mais rápido que a gazela mais lenta, ou morrerá de fome. Não importa se você é o leão ou uma gazela... quando o sol nascer, é melhor você correr."

- Christopher McDougall

Há algo de erótico em ver um bando de pessoas enfurecidas pelas falhas proeminentes do Capitalismo, que concordo que sejam a desigualdade e sua consequente discriminação. Mas, como uma virgem de quarenta anos em um encontro, deixei de ter esperanças quando alguém aborda a deficiência cultural do atual sistema de comércio dominante. Eles acabam constantemente prescrevendo remédios estruturais, o que para mim é ilógico. Quando as pessoas do movimento "Occupy Wall Street" em Nova York foram questionadas sobre como resolver a desigualdade sócio-política-econômica, escorregaram na lama das reformas tributárias e democráticas, basicamente mantendo o status quo, mas exigindo que todos ficassem sufocados pelo próprio vômito com a mesma intensidade. Tais visões são absurdas e perigosamente gravadas em nossas mentes por nossa incapacidade ou lentidão de contemplar um sistema de comércio alternativo, para desviar do curso irracional e para implementar as mudanças culturais obrigatórias.

Para distorcer o famoso ditado de Churchill, o Capitalismo é a pior forma de economia, exceto por todas as outras formas que foram experimentadas de tempos em tempos. Enquanto os economistas e aspirantes estão correndo em círculos, otimistas, todas as manhãs na Índia, uma mulher acorda e sabe que deve fugir do bandido armado o mais rápido. Na Grécia, um imigrante acorda e sabe que deve fugir do nacionalista mais rápido. No Brasil, um adolescente em uma favela acorda e sabe que deve fugir o policial corrupto o mais rápido. Em Chicago, uma mãe acorda e sabe que seus filhos devem fugir dos membros mais rápidos da gangue. Na Rússia, uma ativista dos direitos humanos acorda e sabe que deve fugir dos tentáculos dos rápidos agentes do Kremlin. Na Guatemala, um deportado desembarca e sabe que precisa fugir de uma bala. No Afeganistão, um funcionário de vacinação contra a poliomielite sabe que ela deve fugir das balas do suspeito Taleban. Todas as manhãs, em todos os Estados Unidos, um adolescente negro acorda e sabe que precisa fugir do policial zeloso mais rápido e/ou o homem branco armado. Não importa se você é um leão ou uma gazela, quando o sol nascer, é melhor começar a correr ou morrerá. E isso é uma profecia real!

6

CORRUPTIBILIS

"Viajar é fatal para o preconceito, a intolerância e as ideias limitadas; só por isso, muitas pessoas precisam muito viajar. Não se pode ter uma visão ampla, abrangente e generosa dos homens e das coisas, vegetando num cantinho do mundo a vida inteira."

- Mark Twain

Tara e eu somos aqueles amigos nas mídias sociais que provocam nossas famílias, amigos e seguidores com fotos do pôr-do-sol em locais altamente desejáveis e às vezes indesejáveis do outro lado do mundo. É a nossa maneira de oferecer uma oportunidade de viver indiretamente através de nossas experiências sem custar aos nossos seguidores um centavo. No começo, ele diverte-os e promove o desejo de viajar; eles têm um pequeno devaneio sobre suas próximas férias e então o ciúme afunda. Embora eu tenha acabado de fazer essa generalização, confie em mim, os comentários depreciativos e as perguntas maliciosas que nos foram feitas levariam alguém a essa conclusão.

Pessoas tentando encontrar uma desculpa para continuar com seu estilo de vida mórbido e entediante muitas vezes perguntavam como Tara e eu somos capazes de viajar para alguns desses destinos surpreendentes e incomuns. Para minha surpresa, várias vezes me perguntaram por que,como um casal negro, colocaríamos nossa vida em perigo cruzando mares e dirigindo através das selvas à mercê de canibais ou, simplesmente, faríamos o que é tido como tolice de "brancos"! Minha resposta a esses covardes é que é mais do que estabelecer uma vida para fazer a diferença, o medo de nunca obter a essência de nossa existência é nossa força motriz. E viver uma vida de propósito e experimentar a complexidade da humanidade requer sair da zona de conforto e quebrar tabus.

Devo confessar que a resposta heróica e romântica acima encobre a verdadeira tentativa de influenciar o comportamento daqueles que nos rodeiam, o que considero como um nobre plano secreto. Não tenho dúvidas de que viajar é uma experiência que muda a vida, a chave para quebrar esse modo de pensar preguiçoso e egoísta e a fuga de rotinas insensíveis e insalubres. Na economia como ciência, a falta de conexão com a experiência humana constrói uma dormência que levou os economistas a uma pilhação venenosa. Não é surpreendente que o 1º Barão Keynes tenha argumentado que os postulados da Teoria Clássica são aplicáveis a um caso especial. Ele então formulou e generalizou uma teoria aplicável a um caso especial. Se ele e outros economistas importantes tivessem viajado pela escuridão da humanidade como nós, encontrando e conversando com os "selvagens" e não com os proprietários desconectados dos selvagens, talvez tivesse previsto a estreiteza de sua teoria e contido sua ânsia de destruir o legado de David Ricardo para envolver-se uma das questões mais urgentes da humanidade: como distribuir riqueza e desviar as injustiças sócio-político-econômicas.

Então, novamente, Keynes e sua onda de economistas contemporâneos herdaram a atitude de dormência e estupidez de pessoas como J.S. Mill, que aplaudiu as criaturas mais hediondas da Europa, que assumiram a tarefa de educar as tribos selvagens, com a desculpa de que a escravidão era um estágio obrigatório para induzi-las a trabalhar e torná-las úteis à civilização e ao progresso; enquanto gerações anteriores de economistas políticos, que usaram suas conexões com os aristocratas e desenvolveram teorias idealistas para derrubar leis ou atacar uma classe da qual não gostavam. Quando o poder é corrupto, o poder do cérebro torna as pessoas corruptíveis!

"Um sábio deve considerar que a saúde é a maior das bênçãos humanas, e aprende, por seu próprio pensamento, como beneficiar-se de suas doenças."
- Hipócrates

Eu me acostumei com o cheiro de cianureto da luta que persiste nos países em desenvolvimento. Danço com graça no tango otimista de navegar entre as limousines agressivas ocupadas pela triste elite e os mortos-vivos grosseiros das massas, o que reflete a bondade do massacre econômico e social das nações. No entanto, o contraste entre os olhos desgastados dos funcionários públicos que vi no Aeroporto Internacional Jomo Kenyatta, em Nairobi, Quênia, e o comportamento arrogantemente assustador dos oficiais de imigração em Maya-Maya, um aeroporto suntuoso, porémvazio na República de Brazzaville, no Congo, destruiu minha sensação de tranquilidade nesses aterros sócio-político-econômicos. Ali mesmo, evidências científicas com gráficos espalhafatosos descrevendo o índice de corrupção não são necessários para decifrar os enigmáticos versos de corrupção e práticas corruptas. Os dois aeroportos diferentes nos deixam uma impressão clara de que, de um lado, deixamos a esfera dos países desenvolvidos e desajeitadamente onde a fraude nos coloca na grande casa branca, no congresso e na presidência. Enquanto pedimos "um pouco de açúcar" à pessoa errada no outro local que nos coloca na cadeia.

Há culpabilidade suficiente para passar a todos. Até mesmo especialistas internacionais, mercenários do Banco Mundial e do FMI, ordenaram que países ingênuos e fracos colocassem tudo à venda, a privatização de empresas estatais, embora sabendo bem que a nuvem escura e grossa cobrindo os assuntos de seus estados está alimentando genocídios sócio-politic0-econômicos nas nações. No entanto, é imperativo distinguir entre os dois parasitas coabitantes, e no caso dos países do terceiro mundo, um é fatal e o outro se torna necessário. Há a elite de ladrões corruptos cuja paranóia de perder privilégios e paixão por amenidades ocidentais e mimos, um estilo de vida que sem dúvida me infectou, estão debilitando suas nações. Existem os circuitos onde quantidades muito pequenas de dinheiro e serviços ilícitos são trocadas rapidamente, para chegar a quase nada no final do dia. Lá você encontra pessoas comuns, anjos com asas quebradas, que se tornaram corruptíveis pela sobrevivência. Participei de uma conferência onde Peter Eigen foi adorado por seu autoritarismo. Ele é um personagem que conseguiu transformar o que era seu passatempo, enquanto atuou como diretor regional do Banco Mundial, em um roadshow destacando a corrupção e os governos embaraçosos que ele aconselhou mal ou destruiu. É uma indignação fingir que o desenvolvimento diminuto dos países do terceiro mundo é causado por funcionários públicos, dando uma desculpa para hipocritizar os governos a priorizar as soluções econômicas de curto prazo, e a esmagar os empresários informais. Em defesa dos países desenvolvidos, é indiscutivelmente uma maneira inteligente de limpar o campo e plantar a decoração das orgias com selvagens multinacionais estrangeiras. Mas eu não estou surpreso, como os meus colegas e amigos do ocidente, que Peter Eigen demonstre a mesma sensação de estar fora de contato ou não se importar com o realismo dos países do terceiro mundo, colocando a cleptocracia e a pobreza juntas.

Depois de repetidas ameaças de morte, descobri que a maneira mais fácil de explicar minha visão da diferença entre corrupção e corruptibilidade e esfriar a tendência do público em adorar as "baleias brancas" é fazer referência ao nosso corpo humano. Por um lado, a corrupção é como os ancilóstomos, que atacam a parede do intestino delgado e impedem o crescimento e o desenvolvimento mental da vítima. Por outro lado, quando as pessoas recebem salários escassos, vivendo em condições desumanas, a corruptibilidade torna-se um meio de sustento. É comparável a uma bifidobactéria, que se aloja no intestino e exerce uma série de efeitos benéficos à saúde, como a regulação da homeostase microbiana intestinal, a modulação das respostas imunes locais e sistêmicas e a produção de vitaminas. Quais são os meus remédios recomendáveis para corrupção e corruptibilidade no atual ambiente sócio-político-econômico sádico dominante? O Capitalismo? Eu sempre argumento que a roda não precisa ser reinventada. De minha experiência trabalhando para o estado da Flórida nos Estados Unidos da América, posso atestar que o Ocidente já tem um mecanismo efetivo de hipnotização. Se um sistema tem medo de se afastar do Capitalismo, a maneira de coibir a corrupção é o bastão da justiça equitativa, e a única cura para a corruptibilidade é a isca, o investimento em funcionários públicos e a instituição de um salário mínimo universal possível para se viver. Só então, é relevante para um governo impor responsabilidade e exigir integridade de seus cidadãos. Mas estes são dois inconvenientes moderados de se negociar em países governados por déspotas, gangues políticas e bastardos financeiros.

"Para os poderosos, os crimes são aquilo que os outros cometem."
- Noam Chomsky

Quando criança, eu era um ávido leitor da Revista Jeune Afrique. O artigo que realmente cativou minha atenção mais do que qualquer outro foi publicado logo após a revolta filipina de 1986, que esboçou como Ferdinando Marcos saqueou as Filipinas de sua riqueza. Fotos da coleção de mil pares desapatos de Imelda Marcos e prateleiras de roupas de grife incrustadas com pérolas deixadas para trás se tornaram para mim o símbolo do mal e da ganância. A revista francesa nunca hesitou em assumir questões controversas, expondo líderes irresponsáveis e propriedades de suas famílias e acordos obscuros. Em resposta a tanta insistência, esses grupos poderosos negaram veementemente o acúmulo de riquezas pessoais por meio do peculato, mas seus ativos valiam muito mais do que aquilo que estes tiranos oficialmente recebiam. O espetáculo risível tornou-se mais colorido no século XXI. Assim que uma foto tirada com um telefone celular era postada instantaneamente no Instagram, hackers freelancers eram motivados pela fome de desdenhar dos ricos e denunciar os poderosos indivíduos e organizações.

Pense nisso por um momento. Não há como estes cleptocratas do 12º grau, como o ex-presidente do Zaire, Mobutu Sese Seko e sua comitiva de anões intelectuais, terem descoberto, por conta própria, como saquear e vender reservas estaduais de ouro e diamantes para penhorar lotes de petróleo e madeira, ou desviar empréstimos concedidos por governos estrangeiros e organizações financeiras internacionais. Seria descuidado acreditar que o paranóico Saddam Hussein, ocupado em estrangular os dissidentes e admirar os curdos, tivesse o bom senso de que, em vez de adquirir uma propriedade de luxo em Veneza, na Itália, em seu nome, teria que se esconder atrás de um fundo português controlado por uma corporação bahamense que é administrada por uma empresa registrada no Lichtenstein!

Por trás da fachada geradora de justiça do Capitalismo, há equipes acomodadas de advogados, contadores, banqueiros e consultores financeiros bem elegantes operando por trás dos véus de sigilo fornecidos por brechas legais personalizadas. O fluxo da fortuna canalizada de nações danificadas nunca teria sucesso sem esses trapaceiros. Os centros financeiros mundiais afirmam que estas brechas legais são apenas uma das muitas indicações de que as migrações de capital são patrocinadas pelo governo. Como exemplo, para preservar o dogma idiota do "Françafrique", os promotores públicos franceses bloquearam todos os procedimentos legais contra os tiranos vivos de suas "antigas" colônias.

Ok, agora você deve estar se perguntando por que essas nações santificadas do Ocidente estão prontas para privar de investimentos os estados desobedientes como o Sudão e o Irã, enquanto pouco fazem para impedir que os ditadores e suas famílias aluguem suas gavetas financeiras para esconder suas fortunas malgeradas? Primeiro, fornecem um grande fluxo de capital para suas economias e uma estabilidade sócio-política em seus sistemas. Mais importante ainda, esse dinheiro de sangue muitas vezes recebe um tratamento especial no até que os imbecis perdem o controle firme sobre seus cidadãos famintos e geralmente são expulsos por um substituto mais desejável. As decisões do país ocidental de congelar bens pertencentes a Zine El Abidine Ben Ali e Muhammad Hosni El Sayed Mubarak após terem sido expulsos pelo dilúvio da Primavera Árabe cheiram a hipocrisia, porque consciente e voluntariamente ajudaram esses tiranos a acumular barras de ouro e adquirir grande número de ativos "diversificados".

Só para citar alguns casos, o que aconteceu com os espólios de Haile Selassie, Saddam Hussein, Somoza da Nicarágua e os irmãos Salinas do México? Se uma lição precisa ser aprendida com o caso de Sani Abacha, o extravagante ditador militar nigeriano, que morreu de um ataque cardíaco enquanto estava com uma prostituta indiana, não é uma continuação feliz. A Nigéria levou anos de batalhas judiciais com centros fraudulentos e usou, ironicamente, equipes de advogados, contadores, banqueiros e consultores financeiros elegantes, operando por trás dos véus de sigilo fornecidos por lacunas legais para recuperar uma pequena fração dos vários bilhões de dólares da fortuna que Abacha e sua família acumularam ao apropriar-se indevidamente de fundos públicos durante seu governo de seis anos. Em outros casos, depois de esculpir as taxas legais para rastrear o rastro de dinheiro de um ditador, os países são surpreendentemente presenteados com fiapos e desculpas.

Os déspotas que cuidam de sua fortuna são um negócio lucrativo para os países ocidentais, e agora Dubai está enfrentando uma competição acirrada. Não me agrada as culpas universais e as acusações de saquear os cofres das nações, que são carregadas apenas com líderes retardados e seus comparsas, enquanto os verdadeiros conspiradores por trás destes atos de Houdini gozam de liberdade e passam a ter meios de subsistência longos e prósperos, mas antiéticos. Os conspiradores ocidentais têm de se dedicar a um exame minucioso para si mesmos, ser individualmente responsabilizados e enfrentar a justiça por esses crimes contra a humanidade. São necessárias sanções severas para os países que abrigam estes caçadores financeiros. Somente assim será correto para os países ricos impor responsabilidade e exigir integridade das nações em dificuldades.

7

MOHAMED BOUAZIZI

"A pobreza é a mãe da revolução e do crime."
- Aristóteles

Diz-se que a paranóia é um sintoma categórico da esquizofrenia, mas a canção de ninar do ex-analista da Agência de segurança Nacional (Edward Snowden) exonerou pessoas como eu e justificou que "eu me encaixo nos critérios e qualificações de alguém". Depois de ter atravessado e sobrevivido às ondas intensas de meus discursos, acho que sou merecedor de pelo menos dois espiões dedicados que mantenham seus olhos em mim 24 horas por dia. E caso você seja um dos analistas encarregados de decodificar dolorosamente a odisséia dos meus negros e nublados céus de minhas emoções, tentarei agora aliviar sua tarefa.

Tudo brota das contradições cômicas da minha vida. Eu sou um socialite desagradável e introvertido. Raramente organizo um banquete e convido amigos e oponentes em minha casa. Depois da refeição, quero ver todo mundo ir embora rapidamente, porque fico exasperadocom as longas intrusões em minha tranquila morada, a menos que o encontro se transforme num campeonato de luta cerebral. Não por falta de discernimento, eu não tenho vergonha de declarar que aperfeiçoei a arte de apontar o tópico dos botões que provocam uma tempestade emocional em meus convidados. Quanto mais aquecido o debate, mais meu apetite se encaminha para a vitória. Nada prende minha atenção nem aguça meus pontos de vista mais do que uma briga intelectual com derrames orais. De fato, várias dessas batalhas e insultos sangrentos foram transliterados da loucura para conversabilidade neste livro.

Há outro aspecto crucial da minha vida. Um dos melhores conselhos que já recebi veio de uma personalidade nigeriana altamente estimada que levei a um clube de striptease em um local "não revelado" nos Estados Unidos, e ele foi pego em seu traje de aniversário no quarto mais elegante. Quando jurei a ele que ninguém jamais saberia sobre esse incidente, ele respondeu: "Lave sempre sua roupa suja antes que seus inimigos o façam".

Quanto mais velho eu fico, celebrar e esperar que a morte faça sua aparição inevitável se torna mais monótono. Há muito tempo livrei-me de palhaçadas audazes e afiliações infrutíferas. Longe vão os dias de usar o meu corpo como um campo de testes experimentando drogas psicodélicas para amenizar as assombrações da minha infância. Há tempos desvaneceu o meu entusiasmo por ficar bêbado e urinar pelo meu quintal, observando a paisagem noturna brilhante ao amanhecer. A família e os amigos só têm grandes elogios ao estilo de vida saudável e sem graça que adotei. E, no entanto, tenho um segredo que vai partir os corações. A cobertura voluptuosa da mídia sobre banalidades e o ataque implacável de fatos entregues histericamente com base em opiniões pessoais de especialistas aumentaram minha propensão a desencadear debates acalorados. Eu admito, encontrei um novo vício. Sim, eu me tornei viciado em notícias! Eu não poderia ter um timing melhor.

O recente aumento rápido na acessibilidade de incríveis desenvolvimentos tecnológicos, incluindo smart TVs, TiVo, smartphones e conexões de internet de alta velocidade diminuíram as barreiras de tempo e distância para permitir que viciados como eu se envolvam em nossos insaciáveis desejos por informação e entretenimento mesmo no conforto de nossas camas aconchegantes. Hoje em dia, eu poderia entrar em uma loja do McDonald's nos Estados Unidos e viver a decapitação de um membro da Zeta por um cartel de drogas rival em Juarez, México,assim como escrever e gravar uma animada canção gangsta do narco corredor inspirada neste trágico evento no meu laptop: comprar uma arma de uma loja de penhores, fazer um videoclipe no meu quarto posando pelado com o pitbull do meu vizinho de Bangladesh, vender milhões de cópias no iTunes, ser pago por cada acesso que meu vídeo receber no YouTube e pagar meus pesados empréstimos estudantis. E enquanto construo a força mental necessária para ser infame e rico sem esforço, as crônicas transformadoras árabes saciam minha sede por dramas extremos.

Se um canal de televisão pudesse lançar uma cerimônia de premiação para o desastre da Primavera Árabe, estou mais do que certo de que o colapso mais melodramático de todos os califas árabes não iria para o do ex-presidente do Iêmen, Ali Abdullah Saleh; de qualquer forma, o prêmio seria concedido ao ex-líder líbio Muammar al-Kaddafi. A fúria do coronel na televisão estatal líbia deixou pessoas de Tóquio ao meio de Wichita, no Kansas, estupefatas. Para a maioria de nós que experimentou o gosto azedo da tirania e foi criado sob uma instituição de divindade de um líder esquizofrênico paranoico, as artimanhas de Gaddafi atenderam perfeitamente às nossas expectativas. Nunca imaginei que um palhaço que venceu o shime-waza ocidental e brincou com fogo por tanto tempo acabaria como uma boneca de pano rasgada que gravou toda a sua glória deplorável. É claro para mim agora que o Rei dos Reis da África cometeu dois pecados capitais: a zelosa ameaça de matar dissidentes líbios como baratas e de divulgar contribuições generosas feitas a líderes franceses e ingleses cujos exércitos estavam retardando sua matança. Não evitou que uma legião de escavadores capitalistas estivesse esperando para atrair a queda desengonçada do coronel para colocar suas mãos sujas nos depósitos de petróleo da Líbia.

A paixão de Gaddafi em mandar mensagens de texto e a marcar suas "curtidas" no Facebook ajudou o Big Brother a localizar sua trincheira. A postura perturbada de Nicholas Sarkozy e Tony Blair levou-os a não poupar tempo para que Gaddafi fosse expulso e jogado para os cidadãos indignados da Líbia. Mais do que a morte humilhante do Rei dos Reis da África, fiquei desapontado com a posição tomada por Saif, filho de Gaddafi. Sua tese de Ph.D.da consagrada London School of Economics foi intitulada O papel da sociedade civil na democratização das instituições de governança global; do "poder de persuasão" à tomada de decisão coletiva, mas sua retórica confirmou que a sede de poder supera o senso comum. O rapaz era tão estúpido e sem coração quanto seu pai. Tel père, tel fils! Com a ativação da Primavera Árabe, observei, desconcertado, jovens árabes desencantados confrontando-se com políticas brutais e bandidos contratados pelo governo, reunindo centros estratégicos de suas cidades. No papel, os países árabes fizeram saltos extraordinários, apontados pela erradicação da pólio e pelo aumento do Produto Interno Bruto. Esta é uma história atraente, mas incoerente. Na realidade, o pote de mel foi desperdiçado e distribuído de forma desproporcional. Ainda de pé, estão os astutos e sujos monarcas americanos patrocinados pelos EUA, como o maníaco em apuros, o protegido da Rússia e do Irã, Bashir Assad, que foi abalado como nunca. Todos os fantoches autocratas árabes restantes, posicionados a oeste, caíram como um castelo de cartas.

O desenvolvimento dos eventos da Primavera Árabe levou-me a especular que a juventude analfabeta, mas ardente, do mundo inteiro na década de 1950, que adotou medidas heróicas que exigem autonomia e dignidade, deve ter espelhado o otimismo alegre e tolo como os atuais meninos árabes com habilidades tecnológicas e ingênuos no meio da revolta. As mancadas feitas durante a chamada pela independência dos países e pelas fúrias civis no século passado foram reproduzidas pela Primavera Árabe neste século. O derramamento de sangue pela liberdade na década de 1960 interrompeu a humilhação pública nacional. Lamentavelmente, a ingenuidade de seus jovens líderes ganhou tempo para a metamorfose da colonização. Enquanto as independências das nações eram estragadas por imbecis, as antigas potências coloniais orquestravam sua versão da "Noite das Facas Longas" que começou na África com o golpe de Estado no Togo em 1963 e replicou um efeito dominó em todos os lugares. O enredo bem-sucedido é sintetizado pelo implacável abuso socio-político-econômico da França de suas "antigas" colônias na África e no Caribe, com impunidade descarada. Um abusador patológico nunca deve ser deixado no mesmo espaço, supervisionado ou não, com qualquer país eternamente jovem. Em sua essência, se a uma nação em fase inicial não lhe são dados tempo e isolamento de interferências externas, sua capacidade de articular uma visão coletiva e pragmática para o desenvolvimento econômico é atrofiada e leva à turbulência econômica. De fato, a paixão não é um substituto para a visão!!!

À medida que a explosão sócio-política se arrastava, grupos divididos surgiram com agendas diferentes e obscuras, que lançavam sombras sobre o propósito central e vertical de combater a disparidade econômica. O caos crescente tornou-se o terreno fértil perfeito para grupos extremistas, uma nova geração de vilões. A carnificina civil televisiva da Líbia não evoluiu para a esperada tranquilidade concebida em Benghazi, enquanto a cidade estava sob cerco dos esquadrões da morte de Gaddafi. Na mídia, a complexa narrativa da demanda por dignidade e pela distribuição justa da riqueza nacional foi reformulada e reduzida a um contexto em que os telespectadores ocidentais podem compreender a palavra clichê - democracia.

O número preocupante de vidas perdidas e pessoas deslocadas desde o início da fúria árabe quebraram meu encantamento por constantes brigas de especialistas na TV. Eu deveria comemorar a superação do meu vício por notícias dessensibilizadas. Infelizmente, a clareza mental aleijou minha alma sob o peso da insuportável consciência. A dolorosa percepção da desintegração das lembranças do jovem árabe, cujo desespero e humilhação o empurraram para incendiar-se, desencadeou um sentimento geral de indignação: "Mohamed Bouazizi".

"Um pequena rebelião é uma coisa boa."

- Thomas Jefferson

Mesmo que a mudança seja certamente inevitável, os mortais comuns não têm a coragem de tomar o destino em suas próprias mãos e trazer o resultado a seu favor. A indolência do Homo-sapiens explica a existência da escravidão, da tirania, bem como a ovação de estranhos. De fato, eu aplaudo o rejuvenescido "rat pack" de nações desafiadoras que estão criando um novo mito. O BRIC é um acrônimo fabricado pela Goldman Sachs em 2003, unindo as poderosas potências sócio-político-econômicas, que são o Brasil, a Rússia, a Índia e a China. A África do Sul, o símbolo mulato do grupo, foi adicionada mais tarde. Existem excelentes gráficos coloridos que ornamentam todo o alarde. Escavar e refazer a ascensão do plano dessas nações é extremamente preocupante.

A China sobreviveu ao incomensurável ciclo vicioso de Mao Tsé Tung de tentativa e erro, e erro, erro e mortes, que foi o grande salto para trás da nação. Então você tem que respeitar o homem de sua estatura e poder, admitindo que suas experiências mergulharam o país em fome e pobreza. A Rússia suportou o caos político e econômico, a longa caminhada da vergonha depois que Mikhail Gorbachev jogou a toalha no ringue da Guerra Fria. Não surpreendentemente, foi coroado como o homem mais odiado na Rússia, cujas falsas notícias de sua morte desencadearam ondas de comemoração em todo o país machista. Como

esses dois golias com um esquema de crescimento endó-
geno se retiraram da Idade das Trevas do Comunismo e do
Socialismo, ressuscitaram seu prestígio e adicionaram o
glamour de Wladziu Valentine Liberace à mistura? Fácil,
eles se tornaram o guardião de seu irmão. Eles não se
esquivaram da pequena e suja palavra - protecionismo.

Quanto ao Brasil e a Índia, é uma história de dois
países. Estas duas nações, que não tinham a força e a
teimosia para confrontar seus benfeitores, são a verdadeira
razão pela qual dominaram o método de crescimento
exógeno. No Brasil, a majestosa serenata do pai Lula da
Silva, que galvanizou os abutres e hipnotizou a presa, foi
fundamental para uma vez chamada Belindia e, à la
Franklin D. Roosevelt, lançou projetos de infraestrutura. O
mesmo vale para a Índia; o pragmatismo de Pamulaparti
Venkata Narasimha Rao foi útil para navegar pela maior
democracia flagelada. No entanto, a história não tem sido
gentil com o "pai" das reformas econômicas indianas.
Enquanto Lula foi santificado e desfilou ao redor do
mundo, Rao foi no final de sua vida humilhado e esquecido. Deve-se notar que a ascensão do Brasil e da Índia é
de seus respectivos contos românticos de vencer as proba-
bilidades. Como eles elevaram seusstatus econômicos?
Essas nações não se preocuparam em reinventar a roda.
Elas simplesmente fazem o que lhes foi feito antes: autoco-
lonização competente. Esses ideais de comércio e negoci-
ação aproveitam o vasto potencial dos sistemas de
corrupção desenfreados e simplificados destes países.

Enquanto continuo divulgando minha lista de trans-
gressões, uma vez eu fervorosamente encorajei o Brasil a
sair da lua de mel confortável com os nazistas da Segunda
Guerra Mundial e uma longa tradição de ditadura. Isso
ajuda muito que, no início do século XXI, a exportação de

soja do Brasil para a China ultrapassou bilhões de dólares. Infelizmente, as necessidades de gigantescos fazendeiros de soja, como a Cargill, uma empresa multinacional que controla a maior parte do comércio de soja no Brasil, foram usadas para validar a destruição da floresta amazônica e o despejo brutal de sua população indígena. O Brasil é hoje um dos maiores compradores mundiais de nutrientes usados na produção de fertilizantes e herbicidas. Apesar disso, a aplicação do produto nas lavouras ainda é baixa em comparação com países com agricultura mais desenvolvida. Nos últimos anos, um notável aumento na taxa de crianças com câncer e defeitos congênitos na população de agricultores de pequeno porte que vivem em torno desses grandes domínios da agrofarmácia, onde uma variedade de venenos da Monsanto é consistentemente pulverizada na terra. E não é preciso ser um gênio para descobrir por que o governo brasileiro não se incomoda em tomar qualquer ação.

Poder-se-ia sugerir que a epidemia global de abusos humanos incompreensíveis é necessária na premissa de que algo tem que dado para que algo possa ser obtido. Ou no caso do Brasil, algo precisa ser levado à força para que prospere. Há alguns anos, o Brasil foi destronado como a nação mais distorcida do mundo, mas por quanto tempo? Observei o apetite particular do Brasil fora de controle pelo renminbi da China, como um viciado em crack. Como viciados em drogas de longa data, em algum momento, com a obsessão induzida por perseguir o dragão de extrema euforia, eles se engajarão em atividades ilegais, até mesmo venderão seus próprios filhos, para sustentar seu hábito. E é isso que o Brasil vem fazendo essencialmente para acompanhar seu crescimento econômico.

Os BRICS mostraram sintomas que sinalizam o

próximo estágio de maturação comercial e o ciclo normal de progressão é a dominação mundial. A Lenovo da China vem digerindo os negócios de PCs da IBM e cópias baratas chinesas de produtos de luxo que agora se estendem aos carros estão dando aos jogadores tradicionais uma corrida pelo seu dinheiro. Os fabricantes de medicamentos genéricos indianos estão aproveitando ao máximo a legalidade de copiar os medicamentos de marca cujas patentes expiraram e, por sua vez, inundaram o mercado farmacêutico mundial. O rápido processo de internacionalização do Brasil catapultou seus produtores de soja (do Mato Grosso) para o topo. Enquanto os oligarcas russos obedientes ao Kremlin vêm colecionando times esportivos profissionais e jogadores ao redor do mundo.

Para qualquer nação interessada em entrar na segunda divisão econômica global, é impossível replicar os movimentos de xadrez do BRICS devido às complexas realidades e vantagens de países individuais em declínio. Ao contrário da pretensa fantasia, os países do BRICS não pensaram fora da caixa; eles montaram uma pequena rebelião e ousaram olhar dentro da caixa. As reivindicações do milagre são tão reais quanto o Papai Noel ou a santificação do Papa João Paulo II. Evidências apontam que esses países basicamente ligaram seus motores e alcançaram seus destinos. Quando me pedem para explicar a emersão do BRICS, minha resposta é: "O Brasil colocou a sela, a Rússia proibiu as palhaçadas, a Índia voltou para os trilhos e a China ensinou o dragão a contar!" "E a África do Sul?" "Ah, bem, ela entrou numa-cordo com Lúcifer e surfou suas ondas agonizantes." Amém!

"O lobo sempre culpa o cordeiro pela lama no córrego."

- Elihu Root

O divórcio horrível de nossos pais, combinado com o recém-descoberto estrelato político de nosso pai, transformou o contrato social de nossa família em um caos e gerou o reino de terror de minha irmã Betty. Como o estado santificado de Israel e o de Ruanda canonizado, minha irmã Betty descobriu que poderia usar sua pequena estatura e a culpa de todos para se safar com terríveis atos malignos. Uma vez que dominou seu esquema malicioso e poderia hipnotizar qualquer homem à sua vontade, ninguém estava isento de sua chantagem. Estou agora tremendo enquanto revivo essas memórias de infância. No entanto, o meu medo de infância não é nada comparado ao medo das crianças em Ruanda recrutadas à força e enviadas para a frente de batalha na República Democrática do Congo ou crianças iradas na Palestina enfrentando soldados israelenses fortemente armados. Os gritos de Betty atingiram altas notas supersônicas que soavam nos ouvidos do nosso pai a centenas de quilômetros de distância e atrapalhavam qualquer coisa que ele estivesse fazendo. E como se possuído por Lúcifer ou Lilith, o homem dirigia freneticamente pela cidade e pelas movimentadas ruas de Kinshasa, da mesma forma que os Estados Unidos despachavam urgentemente suas poderosas forças no Oriente Médio para proteger seus interesses. O homem arrancava a cabeça de quem quer que ela apontasse.

O estado de Israel, tal como um menino mimado, não

dividia nada. Betty queria tudo e conseguia. Qualquer um que ousasse desafiar a legalidade de sua supremacia sobre toda a casa enfrentava uma falsa acusação de ameaçar sua vida, liberdade e felicidade. Com pouca ou nenhuma razão, a suspeita de ameaçá-la era suficiente para ganhar o castigo daquela rosa negra. Betty teria o direito de chutar e socar a pessoa condenada e qualquer conspirador que fosse forçado a ficar parado até que ela saciasse sua sede de sangue. Finalmente, nosso pai se cansou do terror e pôs fim ao capricho dela, parcialmente temendo por sua própria vida. O tolo, bêbado de poder, se voltou contra Maximillian Robespierre!

Instabilidades fabricadas em todo o mundo receberam recentemente uma reação do público ocidental. As pessoas que vivem nesses hades na Terra têm, em parte, de agradecer à mídia por transmitir imagens traumatizantes de crianças inocentes sendo massacradas. A paz deveria ser imposta na região da África Subsaariana. Na mesma linha, o mundo agora está aprendendo a dissociar a denúncia do massacre de palestinos em Gaza por Israel contra os antissemitas e considerando críticas legítimas às políticas israelenses, como a condenação do desumano bloqueio de Gaza. E o Hamas e a Organização de Libertação da Palestina há muito se tornaram grandes empresas, ganhando muito com o desespero dos palestinos, em vez de grupos extremistas irados pedindo o fim de Israel. Pode-se ingenuamente acreditar que essas duas revoluções têm algo a ver com a sabedoria (o olho por olho deixa todos cegos) ou sua obediência ao seu mestre quando ordenadas a ceder. Em vez disso, é no espírito do capitalismo que essas ações de bullying excessivamente zelosas acarreta uma onda de abalo sócio-político-econômico sentido em todo o mundo.

"O fim pode justificar os meios, desde que haja
algo que justifique o fim."
     - Leon Trotsky

Muito antes de ser pego por uma mulher semi-haitiana
com quem acabei me casando, o Haiti era para mim um
destino gravado na minha lista de desejos. Fiquei encantado
com tudo que a metade dessa ilha caribenha veio projetar. É
uma melodia emocional extasiante da música romântica
"Haïti Chérie", com histórias heróicas de selvagens negros
nus usando ossos atravessadosem seus narizes que triunfaram
sobre o poderoso exército de Napoleão, e o hino nacionalista
do Haiti "L'Union Fait La Force".Tenho que confessar que
saber que o Aeroporto Internacional Toussaint Louverture
não estava equipado com uma torre de controle abalou um
pouco o meu entusiasmo. Após o terremoto que virou o local
de merda em Porto Príncipe de cabeça para baixo, bilhões
de dólares de doadores foram despejados no país. Eu não
podia esperar para me surpreender com o número de infra-
estruturas construídas como resultado, e essa noção tomou
precedência sobre o medo de aviões colidirem no ar. Então,
novamente, descobri que as indústrias haitianas de turismo e
negócios morreram há muito tempo, e apenas um número
insignificante de aviões pousa diariamente no asfalto. No
espírito dos verdadeiros conquistadores, minha esposa e eu
assumimos o desafio de cruzar aquele paraíso perdido do sul
para o norte com nosso carro alugado. No final, a expedição
estava longe do que eu imaginava, extrema em ambas as
pontas do espectro de euforia e arrependimento.
     Para quem quer que se aventurasse além da linha de

demarcação desenhada em torno de Porto Príncipe e da gaiola fortificada de Labadee, eles concordariam comigo que o resto do Haiti está cheio de paisagens magníficas. A vista do alto da Citadelle Laferrière criada por Henry Christophe, um mergulho nas águas azuis de Bassin Zim, perto de Hinche, e uma peregrinação ao epicentro do vodu haitiano, Saut-d'Eau, me impressionaram por ser divina e calmante. Os encontros humanos durante a condução pelo corredor interno da route nationale 3 e pela rodovia costeira da route nationale 1 são diferentes de qualquer lugar que já tivéssemos visitado. Além disso, há mais a provar do que escrever sobre o brilho de seus frutos do mar e da culinária. Os haitianos continuariam a recitar histórias de seu extraordinário apogeu. E, na maioria das vezes, as pessoas nos rodeavam com histórias que não passavam de entediantes glórias do passado. É realmente impressionante entre aqueles que morreram no Titanic que havia um passageiro haitiano a bordo?

Eu, por exemplo, não consigo compreender como as igrejas são os únicos bancos confiáveis, emitindo títulos do tesouro resgatáveis em valor total após a morte, e como podem se safar desse esquema por tanto tempo. A imponente presença de igrejas no centro de cada cidade, vila e aldeia era uma clara indicação de miséria desenfreada. Não há dúvida de que a prolongada pobreza e desespero incapacitam a pessoa a apostar na vida após a morte. No entanto, para o Haiti, o cristianismo não deve ser a religião preferida. Não há como desvincular o vodu da história do Haiti de expulsar os franceses e o cristianismo da escravidão e das atrocidades cometidas pela França nessa parte da ilha. A meu ver, o embaraço e a denúncia dos haitianos das divindades vodu Loa, Congo e Parrain Ogou e a adoção do cristianismo são um golpe vicioso em seus legados e antepassados heróicos.

Antes de embarcar na minha jornada, parei para refletir sobre isso. Esta metade de uma pequena ilha com suas províncias drasticamente pobres igualmente e abastecida com antagonismos egoístas regionais é a falta de bom senso e de sentido de urgência neste caldeirão. Ao acumular as camadas históricas da desintegração sócio-político-econômica do Haiti, encontrei um país onde uma minoria formada pelos netosde Petion, mulatos, libaneses e imigrantes sírios judeus formava uma máfia e controlavam com arrogância desprezível toda indústria lucrativa do Haiti. Lamentavelmente, a falta de bom senso dos negros haitianos arruinou nossa viagem e a diáspora; eles branquear suas peles e, em seguida, lamentavamquea situação era nauseante. Cheguei à mesma conclusão que um dos meus amigos haitianos. O que aconteceu no Haiti não foi uma revolução. Pelo contrário, foi uma insurreição de escravos bem-sucedida instigada por mulatos, que se esforçaram para aproveitar a raiva romântica da revolução para conquistar todos os lugares do poder.

Em um país onde um sacerdote de vodu jamaicano, Dutty Boukman, convenceu escravos mal preparados de sua invencibilidade e imortalidade; eles confrontaram e derrotaram o exército sadístico em menor número de Napoleão. Mais de dois séculos depois, diante de um pandemônio sócio-político-econômico, não há uma gota da força vital equivalente em qualquer lugar deste paraíso repleta de serafins sombrios. Ao longo da história desta nação orgulhosa, os heróis haitianos eram estrangeiros. Pode-se concluir que a salvação dessa nação teria que vir das mãos de um não-nativo. Infelizmente, há Bill Clinton, a cria de Thomas Jefferson. Clinton, por exemplo, não é

Boukman, mas sim um verdadeiro bicho-papão financeiro. É com vergonha e agonia que digo que a degradação do Haiti não tem fim à vista.

A lua orbita ao redor da terra e a terra orbita em torno do sol. Todas as revoltas da Primavera Árabe se transformaram em um grande fiasco. Eles levantaram com sucesso a consciência de uma ampla massa de pessoas, mas a inadequação da Primavera Árabe está nos confrontos dos objetivos e posições políticas dos movimentos espremidos sob um guarda-chuva nobre. Mohammed Bouazizi não ateou fogo em si mesmo porque lhe foi recusado o direito de votar; em vez disso, pediu liberdade econômica. Ao longo do século XX, picos de fúria cega tiveram consequências semelhantes. Lumumba ficou doente, revoltado e foi torturado até a morte. Ernesto Che Guevara se cansou, revoltou-se e foi explodido em pequenos pedaços. Steve Biko ficou irritado, revoltado e foi morto a tiros. Salvador Allende não aguentava mais, revoltou-se e foi bombardeado no palácio presidencial. Nenhuma das narrativas dessas figuras heróicas teve um resultado favorável. Ao contrário de Gaspar Yanga, eles ignoraram que a revolta brilha como o sol, mas não há revolução sem pousar na lua, um lugar muito mais frio que o sol!

III

ECONÔMICO

INTERLÚDIO III

As pessoas querem uma explicação para nossa criação
Minhas emoções levaram à complicação
Minhas lágrimas ainda precisam mudar a situação
Meu temperamento não resolve a equação
Cada beijo defende o crème da minha devoção
A humanidade perdeu a fundação para uma aspiração única
É uma loucura que tudo o que fazemos já tenha sido feito
O sonho ousado de ontem acabou
Nosso mundo está pendurado por um osso exposto
Milhões de almas estão em fúria pelo trono
Até mesmo nosso desejo comum vem num tom diferente!
Mergulho no passado para se sentir como um recém-nascido
Anjos lindos se sentem como isentos
Deve quebrar suas asas e se arrepender
Lágrimas descendo pelo meu rosto seco como uma serpente
A raiva deve ser banida ao máximo

É triste como não importa o que a vida acha que o amor
vai crescer
O tempo sempre convence o cupido a sair do show
A verdadeira alegria é coberta com um golpe cético
Quando a mente sensível tenta fazer o corpo ficar
Alma espontânea se afasta
É assustador como o dia do julgamento será brutal
A opinião inocente será vital
Olhar para o céu bonito será fatal
Como mergulhar no livro do grande fogo
As expectativas estão rolando como um pneu furado
Por que Lucifer deveria ser chamado?
Tentando balançar um coração tão gordo
Evitando o mal para ligar um rato
A boa sorte pode fazer você chorar
O amor perfeito pode passar por você
Mas nada impede que você tente
Quebre a corrente e voe
Você vai parar por aqui?
E só para sussurrar "Oi"
Então, de repente, adeus?

Este poema é dedicado a todos os "Bouazizis de Mohamed" e suas revoltas.

8

SAY WHAAAT?! (SEI O QUÊ?!)

> "Suba as montanhas para ver planícies."
> - Sabedoria Chinesa

Você pode ouvir a voz de quem fala, mas não quem a ecoa, e esse é o perigo real. Depois de outra classe econômica terrivelmente longa e sem propósito, fiz uma parada no apartamento do meu amigo para reabastecer minha alma e desabafar. Para evitar que ele tente me processar, vamos chamá-lo de "Jerome". Ele estava em seu modo desativado temporário habitual, muito chapado. A relação entre Jerome e eu me traz de volta aos meus anos de internato católico. Para evitar a sesta obrigatória, eu entrava no confessionário onde um padre meio adormecido fingia escutar e se importar com minhas pequenas mentiras e travessuras. Pobre "Jerome", devo ter acabado com sua empolgação ao lamentar a noite toda sobre quão errôneo era o professor chauvinista nigeriano e como o resto dos princípios fundamentais da academia se ligavam e, neste caso, derrubaram arbitrariamente Jean-Baptiste Say e enforcaram Thomas Robert Malthus usando a animosidade de John Maynard Keynes em relação à sua fama. Não obstante, todos os três descrevem corretamente a simbiose do mercado durante cada tempo respectivo. É irracional esperar a mesma dedução das pessoas que vivem durante os diferentes estágios de transição do comércio e do amadurecimento do mercado. Eu até usei a velocidade de circulação do dinheiro durante diferentes épocas no meu argumento final para simplificar a minha raiva. Considero como real, à exceção da escravidão e do canibalismo, que a verdade existe em relação ao contexto histórico. Não sei se Jerome ficou surpreso ou chocado, mas tudo o que ouvi saindo de sua boca foi: "Sei o quê?!!"

Graças à grande batalha entre Thomas Piketty e o Financial Times (por favor, desconsidere a solução infantil de Piketty para a situação mais complexa de nossa existência), para meu deleite parcial, a injustiça sócio-político-econômica (reduzida à disparidade econômica) foi retirada da lixeira e se tornou um tema erógeno no momento. Infelizmente, resultou em uma briga de galos elitista. Para minha geração, parece improvável que tenha havido uma época em que a ganância bestial fosse desaprovada, e pouquíssimos acreditavam que filósofos adulados como Platão, Aristóteles, Cato e Cícero viam os juros cobrados de empréstimos como crimes. Ao sancionar as monarquias europeias que então controlavam e saqueavam o mundo inteiro, em seu auge, a Igreja Católica decretou que qualquer um que se envolvesse em usura não poderia receber os sacramentos. Indo mais dez passos, Eduardo I da Inglaterra aprovou o Estatuto dos Judeus que tornou a usura ilegal e uma blasfêmia. Bem, essas restrições e ameaças acabaram se tornando uma mina de ouro para um grupo de suspeitos do costume. Voeja as pessoas que falam hebraico que contornaram a proibição bíblica cobrando juros de não-judeus e pagaram caro por seus pecados e ourives que descobriram como explorar a confiança do público e lucrar com o ouro colocado em seus cofres.

Passei a acreditar na existência de um gene vilão que é excessivamente ativo em titãs do comércio e serial killers, enquanto esse mesmo gene está adormecido no restante de nós. Você tem que ser mais do que um babaca modesto para mandar seus filhos e sua adorável esposa para uma das nações mais ridiculamente mais pobres do mundo, o Burundi, para passar dias vendo uma família lutando para conseguir uma vida digna. Depois que sua família experimentar a terceira mão da pobreza, retire-a de lá e leve-a de volta ao país mais rico do mundo, onde residirá em uma das mansões mais luxuosas e de alta tecnologia conhecidas pela humanidade, deixando para trás a família melancólicado Burundi. Quando o seu quintal é mais fascinante do que o Jurassic Park, acho que passear pela Disney World é entediante!

Por outro lado, o ato sem sentido de Bill Gates não abriu as comportas do inferno. Há relatos abundantes de tal indiferença aguda em todo o mundo e ao longo do tempo. O Papa Francisco é famoso por provocar os desapropriados. O soberano absoluto do Estado da Cidade do Vaticano convida os sem-teto a compartilhar uma refeição em seu suntuoso palácio e envia-os silenciosamente para as ruas. Voltando ao Império Romano, no final, os ricos foram atrás das terras de camponeses endividados que aceitaram empréstimos para atender às demandas tributárias fora de controle. E quando viajo para o exterior, sinto-me envergonhado pelo escasso pagamento que meus familiares, amigos e conhecidos mais abastados entregam a seus servos dedicados e trabalhadores. Tais atos sutis e não tão sutis de desumanidade apenas projetam a imagem da maldade geral, e eu, neste capítulo, tento explicar como caímos no fundo do abismo. Nunca fomos capazes de nos libertar completamente e, em vez disso, resolvemos manter-nos em grande número atrás das linhas inimigas!

"Não olhe para onde você caiu, mas para onde escorregou."

- Sabedoria Africana

O campo econômico foi nomeado cavaleiro por seu suposto objetivo de compreender o cotidiano pecuniário humanoide e depois inventar um elixir para melhorá-lo. Esta arte nobre e respeitada gangrenou pelos erros da sua infância. O lado negro acumulou um número considerável de sacos de areia que sustentaram avalanches de realismo e igualdade. Caso em questão, a deflexão da dedução de David Ricardo sobre o lucro por palestrantes renomados que optam por ignorar fatos contextuais e, ao contrário, maculam a importância da representação do lucro desse economista clássico em relação à sua época. Esses criminosos desafiadoramente desaparecem e aplaudem de pé os impulsos e aberrações de Ricardo quando isso aumenta sua mística pessoal. A cruzada pungente de Ricardo contra os proprietários de terras não foi em vão; no entanto, sua classificação de lucro é justificada por eventos posteriores.

Pouco se tem gritado sobre as Guerras Napoleônicas

que alimentaram o fogo da Lei Cerealista e forneceram a frente caótica para distorcer artificialmente o preço dos grãos na Inglaterra. No final da guerra infrutífera da França, que esmagou sua posição de superpotência, os preços do milho despencaram na Inglaterra e, como resultado, toda a economia inglesa despencou. Infelizmente, o peso do dano foi mais sentido pela classe trabalhadora. Este fato histórico tem que ser marcado porque no início da nova transição social do século 19, o sustento dos trabalhadores deteriorou-se do pagamento em dinheiro e uma ocasional refeição na mesa do proprietário de terras aos escassos serviços sociais concedidos pela paróquia sob a Lei dos Pobres da Inglaterra. A péssima colheita de 1828-1829 provocou tumultos e sabotagem por trabalhadores que se ressentiam da ganância irrestrita dos donos de terra. Bem, o caos deplorável, mas indispensável, de tal magnitude é uma criação de armas de fogo ideológicas. Como a academia econômica de hoje está repleta de brincalhões, o século XIX, que foi um momento crucial para a arte que viria a reinar sobre o comércio e osnegócios, não foi diferente. Parece que a mesma alma foi transposta para um corpo diferente. Na disjunção do senso comum e do oportunismo acadêmico, havia indivíduos que se viam como fervorosos guardiões do capitalismo. E na Inglaterra, a meca dos economistas, Nassau Senior era um dos mais hábeis e frios do grupo.

Quando os elefantes lutam, é a grama que sofre. Para alguém que sobreviveu a uma instituição ortodoxa de graduação ditatorial e agora está lutando contra os golpes de zumbis em um dos poucos programas de graduação heterodoxos remanescentes nos Estados Unidos, devo atestar que a interferência de ambos os lados me deixou virtualmente com morte cerebral. Inesperadamente, durante uma palestra sobre a Teoria da Abstinência e o homem por trás dela, o discurso de Nassau Senior por um dos últimos marxistas, Fred Moseley, despertou minha curiosidade. De repente, percebi que momentos históricos cruciais e personagens incomuns, subscrevendo os principais credos do comércio e da indústria, estavam perdidos no longo folclore de falsas disputas entre a trindade sacrossanta e econômica dos discípulos não-arrependidos de Adam Smith, de David Ricardo e de Karl Marx e o antagonista neoclássico deles, descendentes de gladiadores.

Ao embarcar na "loucura" de me familiarizar com Nassau Senior e sua versão da Teoria da Abstinência, a falta de uma abordagem adequada e a dissecação das avaliações e intrigas do Senior quase amorteceram meu entusiasmo. Não só existe um número limitado de publicações sobre Senior, mas elas se concentram principalmente no tango proverbial da luta entre Senior e seus contemporâneos, que vou ignorar neste capítulo, e no papel decisivo que ele desempenhou no triunfo da política evangélica durante a Emenda da Lei dos Pobres de 1834, no Reino Unido. No entanto, para entender as inclinações ideológicas de Senior, é preciso mergulhar no próprio homem. Obviamente incapaz de enfrentar o tempo, desde que Senior morreu há pouco mais de dois séculos, mergulhei em seu trabalho publicado e examinei os mentores influentes a que ele se associava e os relacionamentos que ele fomentou em sua carreira.

A narrativa sócio-político-econômica subjacente à Teoria da Abstinência de Senior torna necessário contextualizar o clima econômico do Reino Unido e os confrontos entre dogmas intelectuais durante a era de Senior. A divergência de um quadro válido para a distribuição da riqueza era, e ainda é, o centro dos conflitos sócio-político-econômicos. No entanto, a ousadia da Senior moldou o consenso sobre a lógica da criação de riqueza, inclinando a balança em favor dos capitalistas. Seria uma desgraça não lançar uma luz sobre Senior e as pessoas que influenciaram suas opiniões. Mesmo assim, as principais teorias da Teoria da Abstinência de Senior são sobre a origem do capital e por que pagamos juros. Além disso, espero que as afirmações e reflexões da Teoria de Abstinência que transcendem as fronteiras geográficas e culturais revitalizem mais do que uma perspectiva desiludida do apetite economista por esta disciplina.

"Vive-se na esperança de tornar-se uma memória."
- Antonio Porchia

Nos capítulos anteriores, pintei a decoração de eventos críticos que estão engolfando minha geração e ameaçando nossa futura existência, e permiti o apogeu de uma falácia que veio a ser a fundação sócio-político-econômica silenciosa de nosso tempo. Com um rufar de tambores, agora é hora de encontrar quem originou um conceito envenenando nossa capacidade de navegar para a margem direita, a Teoria da Abstinência, que é o consenso prevalecente sobre capital e interesse de nosso tempo.

Nassau Senior nasceu em 26 de setembro de 1790 em Compton Berkshire, na Inglaterra. A análise insolente de Senior sobre as divergências sócio-político-econômicas de sua época remontava à sua educação privilegiada. Só se podia imaginar sua vida como o filho mais velho do vigário de Drumford, em Wiltshire, o reverendo John Raven Senior, e da filha do advogado-assistente de Barbados,

Mary Duke. Então, novamente, Senior não estava totalmente isolado da pobreza desenfreada. Tendo passado sua
tenra idade na paróquia de seu pai e combinado com o
papel de seu pai em sua comunidade, ele sem dúvida
observou a lenta agonia dos trabalhadores e a ascendência
impenitente dos proprietários de terras, seus vizinhos, é
claro. A condição de deterioração do trabalhador inglês
bem documentado mostra que, na época em que Nassau
Senior tinha cinco anos de idade, um trabalhador recebia
três pães e meio como forma de subsistência. Na época em
que tinha vinte e poucos anos, o parco salário diminuiu
para dois pães. Ele talvez não soubesse muito sobre a infla-
ção, mas com certeza poderia reconhecer o rosto de um
homem faminto.

Seria um grande erro concluir que as investidas de
Senior contra os pobres e a proteção dos ricos têm apenas
a ver com o seu pedigree. O jovem Senior frequentou o
Eton College e o Magdalen College, em Oxford, onde suas
primeiras tentativas de exame o levaram às mãos de uma
figura requintada e provocadora, Richard Whately, que o
doutrinou na tradição do Oriel Noetic de combinar o deli-
rium (espiritualidade) com política econômica. Whately
inflexivelmente acreditava na necessidade de integrar os
pontos de vista da igreja cristã na análise econômica para
desenhar políticas "corretas".

Senior formou-se em direito em 1815, mas suspeito
que o fato de ter encontrado uma economia mais estimu-
lante do que a lei o tornou preguiçoso para superar suas
"deficiências" em falar em público. Senior abandonou suas
aspirações e mergulhou na economia política. Tornou-se o
primeiro professor de Economia Política de Drummond
em Oxford em 1825 e, posteriormente, voltou a esta
posição por mais dois termos em sua vida. Durante o

primeiro mandato de cinco anos de Senior em Drummond, ele escreveu uma análise das definições econômicas publicadas como um apêndice aos Elementos da Lógica de seu então camarada Whatley em 1826. Posteriormente, publicou várias de suas palestras, como a Economic analysis methodology (1827), The theory of money and international trade (1830), and Population and wages (1829, 1830). Ao ganhar o respeito e aclamação dos economistas políticos contemporâneos, não olhou mais para trás, para sua carreira inicial sem brilho.

Com a chegada de seus amigos partidários Whig ao poder em 1830, a esfera de influência da Senior expandiu-se exponencialmente em áreas estratégicas do Reino Unido. Infelizmente, Senior era um agente pródigo de Oriel em vez de um radical filosófico retratado por alguns. Ele e seus companheiros da Oriel Noetic aproveitaram todas as oportunidades para alterar as fibras sócio-político-econômicas inglesas e para propagar suas agendas. Senior tornou-se um membro-chave de várias comissões: a Comissão de Inquérito da Lei dos Pobres em 1833, a Comissão de Condições de Fábrica em 1837 e a Comissão sobre o Problema dos Tecelões Manuais em 1841. Senior propôs que a Emenda da Lei dos Pobres fosse alinhada com a agenda Noetic e atestou sua lealdade inabalável ao seu mentor Whately. A Nova Lei dos Pobres foi basicamente tirada diretamente da consideração das Leis dos Pobres de John Davison (1817), que propunha a erradicaçãodo alívio para os "fisicamente aptos". Eles ingenuamente racionalizaram que a população vulnerável como os doentes, idosos e crianças recebessem cuidados com fundos públicos em lugares como instituições de caridade, orfanatos e hospitais.

No entanto, a manipulação das políticas econômicas

inglesas por parte de Senior foi além do reinado do partido Whig. Ele aconselhou sucessivos governos britânicos em questões de comércio, salários e educação. Atacou a macabra Teoria Malthusiana do Crescimento Populacional com um bastão de ferro verbal. Para a grande satisfação de seu manipulador, Whately, Senior criticou a frágil Teoria do Valor de Ricardo, porque ela sugeria um conflito de classes entre o senhorio e todos os outros; negou a harmoniosa utopia do laissez-faire e a existência da sabedoria divina. Nos últimos anos de sua vida, passou seu tempo perambulando pelo mundo e escrevendo em jornais.

Senior morreu em Kensington, Londres, em 4 de junho de 1864, aos 74 anos de idade.

Vale ressaltar que, à medida que a legitimidade do acúmulo de capital e dos juros começava a ser revisitada e questionada, noções de obstinência edificantes e outras alterações na mesma premissa de outros druidas econômicos foram oralizadas em toda a Europa na mesma época. Fora da Inglaterra, temos o alemão Max Wirth,fundadorda revista semanal Der Arbeitgeber para canalizar seus pontos de vista pessoais tendenciosos, o suíço Antoine-Elisee Cherbuliez com seu otimista Étude sur les causes de la misère, tant morale que physique et sur les moyens d'y porter remède (1853), e por aí vai. No entanto, deve-se mais atenção a Germain Garnier, que poderia ser o primeiro sábio que ousou estabelecer a justificativa de tolerância para o acúmulode capital e juros. Embora os casos predominantes de economistas políticos para os ricos fossem todos patéticos, a Teoria da Abstinência de Nassau foi coroada como a original e, indo contra qualquer lógica, tornou-se subliminarmente parte integrante da Teoria do Capital Inglês e das negociações e concessões de classe social atuais. De fato, é o elefante branco em cada recompensa de "negociações" e discussões.

"Todos deseja obter, com o mínimo de sacrifício possível, o máximo possível de artigos de riqueza."
- Nassau Senior

O impulso altamente natural é, a princípio, mergulhar no modus operandi por trás do conceito de Senior, que tem sido um ponto de discórdia por muitos acadêmicos. O próprio Senior tentou encobrir seus argumentos justificando sua raiva contra uma "classe operária arrogante, que recorria a greves, violência e articulações", porque era para ele uma "ameaça ao fundamento não apenas da riqueza, mas da própria existência". Sugere-se que sua base fosse uma reação impulsiva e irada aos ataques violentos dos trabalhadores contra os quais ele percebia como os vulneráveis exploradores e guardiões do Capitalismo da ordem de direito da humanidade. Pode ser uma suspeita indigna da defesa de Senior, mas ele publicou inicialmente a Teoria da Abstinência como o Esboço para The Science of Political Economy (1836) alguns anos após o auge das greves e tumultos dos operários em 1830. Ainda assim, evidências factuais puseram sua sinceridade em dúvida. Durante seu primeiro período em Oxford e alguns anos antes dos tumultos de Swing, a segunda palestra do segundo curso que ele ministrou (1827-1828) foi sobre sua Teoria da Abstinência.

Com maior frequência, o termo abstinência passou a ser definido como um "mecanismo psicológico de repressão referente a sexo, álcool ou comida". Cheguei até a um site que sugeria que os pais ensinassem a seus filhos gordos que a abstinência é a "capacidade que uma pessoa tem em retardar uma gratificação relacionada à sua habilidade de reconhecer as recompensas da paciência e da espera, ao mesmo tempo em que é capaz de praticar o controle de impulsos, o autocontrole, a força de vontade e a autorregulação". Tenho certeza de que isso não funcionará; não é páreo para as táticas de planejamento da indústria de junk food e para as campanhas sedutoras de suas equipes de marketing, que perseguem as criançascom máquinas automáticas de vendas nas escolas, ligadas a todos os super-heróis que eles imitam. O mesmo raciocínio se aplica aos adultos: a inaptidão pseudo-humana de reprimir nosso desejo está, na verdade, alimentando a florescente indústria de consultoria financeira. Portanto, é um apoio à afirmação de Nassau Senior de que é preciso certa força individual e senso de sacrifício para acumular riqueza.

A Teoria da Abstinência de Nassau Senior é de longe sua mais obscena traição à economia política. De forma desajeitada, este slogan foi amplamente adotado e cantado por demagogos e seguidores que adotaram o laissez faire como uma lei divina.

Deixando de lado todos os detalhes mais sutis, a essência da Teoria da Abstinência de Senior da formação de capital é um conto de abstinência heróica do consumo que permite a poupança para criar capital. Há uma descrição dramática dos sacrifícios dos capitalistas industriais, sob o pretexto de emprestar aos trabalhadores imprudentes financeiramente seus meios de produção. A explicação de Senior claramente sobrecarregou o Motor do Crescimento de Smith, que é poupar. Lamentavelmente, Senior conseguiu reunir um consenso na disciplina em torno da crença de Noetic na simbiose riqueza-virtude, uma convicção de que homens de riqueza, isto é, capitalistas industriais, precisavam ser moralmente apoiados e a ordem divina benéfica tinha que ser bem preservada.

Alfred Marshall trouxe para a filosofia econômica um fascínio por barracudas que procuravam maneiras de demonstrar suas proezas matemáticas e de soluções de problemas que, infelizmente, vêm à custa de estudos da vida real. Mas nenhum outro conceito expôs a fragilidade de Marshall no desenvolvimento da teoria como a explicação do acúmulo de capital. E, portanto, há pouco a se dizer sobre as críticas ou contribuições de Marshall à Teoria de Abstinência de Senior. Como único ponto positivo, ele substituiu acrobaticamente o termo "sacrifício" por "espera". No entanto, Marshall foi o passo crítico no processo de polir o conceito contundente e rude de Senior.

Onde a contribuição de Marshall para o debate sobre o acúmulo de capital está embaçada, está muito claro que Böhm-Bawerk decidiu entrar, sair e dar a volta ponta dos pés. No aclamado estudo de tratamentos de interesse de Böhm-Bawerk, ele adotou a Teoria da Abstinência de Senior e sugeriu que "a doutrina de Senior foi julgada com muita severidade". É na crença dele que "há um núcleo de verdade" no conceito e que não há como negar que o acúmulo de capital "exige uma abstinência ou adiamento da gratificação do momento". Então ele descarrilou a trajetória assumida apontando o "erro lógico de Senior para representar a renúncia ou adiamento da gratificação ou a abstinência, como um segundo sacrifício independente adicionado ao trabalho sacrificado na produção". Ele prossegue ao demonstrar que o acúmulo de capital, como o trabalho, não é um sacrifício, mas sim uma escolha alternativa que se faz!

Então, novamente, a sangrenta briga de galo de Böhm-Bawerk com o fantasma de Karl Marx tornou sua explicação do acúmulo de capital insatisfatória; ele estava convencido de que alguém precisava economizar a renda obtida para conseguir que as necessidades dos trabalhadores os fizessem produzir mais e com maior qualidade. Para ficar de olho na bola e não confundir os meios com osfins,deve-se dar mais atenção a certos aspectos da análise de Böhm-Bawerk, pois ele estava ansiosamente promovendo seu amado conceito de preferência de tempo aos juros.

Passo em outro dos princípios de Senior sobre partidários de acúmulo de capital; por mais eloquentes e eficazes que alguns tenham sido sobre a disseminação da Teoria da Abstinência, considero suas contribuições como maquiar um porco muito feio.

"Cães não raciocinam. Eles não seguram nada contra uma pessoa. Eles não vêem o exterior de um humano, mas sim o interior de um humano."

- Cesar Millan, "O Encantador de Cães"

Neste ponto, tenho que olhar o horizonte para encontrar uma voz rebelde em Ferdinand Lassalle. Lassalle ridicularizou o conceito de Senior chamando os Rothschilds de "abstêmios" principais na Europa. Na verdade, os Rothschilds estavam entre os abutres europeus que exacerbaram a discórdia e a hostilidade entre o norte e o sul. Durante a Guerra Civil Americana, esses financistas colheram lucros enormes trabalhando para os dois lados, como de costume. Mas o próprio Lassalle foi um operário socialista efetivo que fornecia um paralelo interessante para Nassau Senior. A visão de Louis Blanc dos problemas sociais, da pobreza e da crise econômica sublinhou o esquema político de Lassalle como a visão de Whately sobre Nassau Senior. E enquanto Senior esteve no Reino Unido, Lassalle relacionava-se com a mais proeminente das mentes alemãs; ele tinha meios amplos e amigos influentes. No entanto, Ferdinand Lassalle, insensatamente, desafiou a duelar com um diplomata bávaro que forçou sua filha a renunciar a Lassalle pelo Conde von Racowitza. Como resultado, ele foi mortalmente ferido aos 39 anos de idade.

Outro desafiante potencial e valioso da Teoria da Abstinência de Senior era Isaak Illich Rubin. Ele repreendeu o esquema de Senior, baseando-se na superioridade mental de "pessoas dedicadas e perspicazes" e criticou-o como "inútil tal qual a explicação dos fenômenos econômicos". Para Rubin, "a Teoria da Abstinência falsamente" explicava como "o Capitalismo surgiu e as características básicas desse sistema econômico". A doutrina não passaria no teste decisivo mesmo em um estado primitivo de comércio num país. Resumindo, Rubin considerou Senior como "o que se poderia chamar de advogado econômico dos donos de fábricas inglesas".

A tragédia da vida pessoal de Rubin é uma ironia de mau gosto. Rubin foi preso pela primeira vez um ano depois de ter publicado História do Pensamento Econômico (1929) e solto quatro anos depois. Depois de estar emocionalmente e fisicamente quebrado, foi autorizado a trabalhar como projetista econômico. Rubin foi preso mais uma vez durante o Grande Expurgo em 1937 para nunca mais ser visto vivo novamente. Depois que tudo isso não estava mais nas mãos de capitalistas industriais, mas sim na

classe que ele tanto defendia ⁻os revolucionários traba-
lhistas.

Eu acho uma justificativa muito boa para o potencial
de Lassalle de quebrar a Teoria da Abstinência de Sênior
sobre acúmulo de capital, embora de fato o mesmo seja
verdade para Rubin. Lamentavelmente, a morte prema-
tura de Lassalle e o trágico fim de Rubin interromperam a
chance de galvanizar uma ofensiva dialética contrária. E
assim vai a consequência da Teoria da Abstinência de
Senior sobre o capital para moldar as ideias iminentes
sobre o interesse.

"A ganância vai bem, a propósito, acho que a
ganância é saudável. Você pode ser ganancioso e
ainda se sentir bem."
- Ivan F. Boesky

As revoltas dos trabalhadores ingleses do século XIX
elevaram a questão do capital e do interesse a um
problema social. No entanto, um exame detalhado da
ligação entre o acúmulo de capital e osjuros é desnecessário, uma vez atraído para a premissa de sacrifício da Teoria
de Abstnência de Senior. Simplificando, osjurossão a
recompensa obtida pela "dor" de deixar o dinheiro para o
mutuário. A descrição de interesse de Senior como um
retorno à abstinência era outra ilusão contundente e, no
entanto, tornou-se a fundação profundamente enraizada
da teoria econômica dominante. A julgar pelo impacto de
sua análise de capital e juros no campo econômico teórico,
Senior tem implicações mais abrangentes do que os econo-

mistas clássicos predominantes - Smith, Malthus e Ricardo.

Eugen von Böhm-Bawerk insistiu que o valor dos bens futuros diminui à medida que o tempo necessário para o seu término aumenta, não porque eles estão estragando em sua geladeira. Além disso, sempre haveria uma diferença de valor entre bens presentes e bens futuros, porque as pessoas são tolas e descuidadas.

Alfred Fisher, um dos fundadores da Race Betterment Foundation, que defendia a segregação racial para a "preservação da raça humana", um importante centro do novo movimento eugênico na América, foi além da "perspectiva de subvalorização do futuro" por Böhm-Bawerk. Fisher chamou os juros de "índice da preferência de uma comunidade por [uma renda de] um dólar atual sobre um dólar de renda futura". Para ele, osjutossão o custo da "impaciência", que cria uma "oportunidade" sagrada para que outro a aproveite. Eu certamente gostaria de a cara dele quando perdeu uma grande parte de sua riqueza naqueda da bolsa de 1929 ainda achando que a economia passaria por uma recuperação rápida.

Avançando para o mundo atual, a usura agora é justificada como um prêmio de risco assumido pelos capitalistas. Para George Riesman, é o custo da montanha-russa emocional que alguém sofrerá por deixar as pessoas segurarem seu dinheiro. É como um participante de um game show que pode escolher uma das duas portas, uma que esconde $100.000 e outra que esconde $0. Independentemente do que está atrás da porta, o competidor tem $10.000 garantidos. Mas por alguma razão, a classe trabalhadora não consegue desfrutar do mesmo tratamento; George Riesman não defende a noção de trabalhadores recebendo qualquer prêmio pelo risco de chegarao trabalho.

George Reisman e outros do gênero podem florescer num ambiente onde as pessoas estão mais obcecadas em extrair mais versos do céu em "viscosidade" de preço, fantasiando sobre um ser econômico "ariano", do que fazendo investigação econômica baseada na realidade. E, infelizmente, quanto mais abstrata e irrelevante a economia se torna, mais a porta se fecha para discussões sobre questões críticas que originaram toda a disciplina sobre acumulação de capital e juros. Como ninguém fez objeções ao conto de fadas da Senior, é a suposição de que há uma aceitação unânime, não é? Fale agora ou cale-se para sempre?

"A distância entre insanidade e genialidade é medida apenas pelo sucesso".

- Bruce Feirstein

A Teoria de Abstinência Americana foi amplamente influenciada pela publicação médica suíça l'Onanismedo século XVIII. Neste tratado, Samuel-Auguste-André-David Tissot afirmou que a masturbação causa "uma redução perceptível de força, ou memória, e até mesmo da razão" que abriu o corpo a uma série de doenças como a gota. Devido ao fato de que os ensaios experimentais na ciência eram praticamente inexistentes e muito antes de a sociedade vir a aprender sobre a testosterona, as pessoas acreditavam que cada esperma é sagrado, todo esperma é ótimo (estou brincando).

Mais de um século depois, nos Estados Unidos, o Reverendo Graham transformou a Teoria da Divergência de Tissot em seu cavalo de Tróia. O bom reverendo acreditava que as pessoas precisavam se abster de carne vermelha porque aumentava o desejo sexual e, portanto, defendia uma dieta rica em nozes. Ele travou uma batalha contra a masturbação, como julgava, que estava enfraquecendo a fibra da sociedade. Mas a teoria de Graham fracassou quando ele ficou sem espaços para divulgar seu sermão e foi expulso das cidades por açougueiros. Seu sucessor, o Dr. John Harvey Kellogg, veio na época em que os sentimentos em relação às noções de Graham haviam mudado e ele era visto como herói e gênio. Ele até aumentou a aposta e promulgou que as mulheres também não deveriam se masturbar. Ele então forneceu uma ferramenta para que os pais detectassem se seus filhos estavam se masturbando. Como um impedimento para este vício, delineou punições surpreendentes: homens e meninos deviam ter seus prepúcios costurados com fio de prata ou circuncidados sem anestesia, enquanto mulheres e meninas devem ter seus clitóris queimados com ácido carbólico. Como as ideias de Kellogg foram abraçadas sem resistência, ele começou a desenvolver alimentos anti-masturbação. Sim, acontece que nossos amados petiscos e cereais matinais são alimentos supostamente contra a masturbação!

Fiz um grande esforço para comprimir a reviravolta na sonda sexual americana com o objetivo de traçar um paralelo claro e perturbador entre a Teoria da Divergência de Tissot e a Teoria da Abstinência de Senior; ambos são escritos a partir do que os criadores viram como imperfeições da humanidade e atraíram deduções repreensivelmente errôneas. Enquanto o primeiro foi destruído pelo trabalho de Alfred Kinsey, este último ainda terá um controle firme sobre as teorias econômicas.

"Suas mãos trançariam as tripas do padre se ele não tivesse corda para estrangular os reis."
- Denis Diderot

Políticas como as de economia funcionam com memórias seletivas e nossa capacidade de aceitar o absurdo. Certa vez, fiz um curso de microeconomia em que o professor confessou que nada do que iríamos aprender em sua aula baseava-se em fatosmas, na verdade, em suposições incoerentes. Ele então não tinha qualquer integridade intelectual ao nos submeter a exames difíceis. Devo fazer outra confissão estranha. Meus mentores de infância enraizaram em mim a ideia de que a frugalidade dos ocidentais tornou seu mundo melhor do que o nosso, a República Democrática do Congo. Mesmo durante minhas viagens ao redor do mundo, encontrei a mesma justificativa idiota expressa dos mais pobres oprimidos. Quando perguntaram ao bilionário americano David Siegel por que ele queria construir a maior casa da América, sua resposta foi simples: "porque eu posso!"

O desvio no meu fingimento de ser rico está acontecendo numa sessão de compras de US$100 na TJ Maxx. É claro que estou chocado por alguém compre uma chupeta artesanal de diamantes e ourorosé por US$136 mil ou paguefacilmente US$ 290 milhões por uma noite romântica em um submarino. Em 2001, o empresário americano Dennis Tito desembolsou US$ 20 milhões por seus 8 dias no espaço. Sem contar a explosão da indústria de jatos privados na Nigéria ou os oligarcas russos e suas as febres de compras deequipes esportivas profissionais famosas para adicionar às suas coleções de iates, enquanto os fabricantes de automóveis de luxo que valem mais de um milhão de dólares não podem ganhar o suficiente para atender a demanda de sua clientela.

Rejeitar que Deus existe, mas acreditar na existência de um poder superior o exclui de declarar-se ateu. Tendemos a ignorar, como o poder político inclina o equilíbrio entre as classes econômicas mais altas e abertamente mantém o trabalho longe da mesa de jantar (ataques a sindicatos), as habilidades predatórias e capacidade aproveitada por uma única qualificação e parcialidade de ficar rico. Uma vez que guardiões humanitários, como o papa Francisco I e os economistas atuais recuam covardemente ou são silenciados de formular a questão moral sobre o acúmulo de capital, isso não deve surpreender ninguém, sob a atual premissa aplicada, a proposição de Senior. Qualquer abordagem como o aumento do salário mínimo estaria atrasando as disparidades econômicas sociais com o mesmo resultado significativo e nada mais do que a resposta auto-conservadora do Capitalismo à desigualdade. Os capitalistas ganharão tudo de novo. Chegamos a confundir a verdade com a popularidade; negligenciamos a verdade factual e adotamos suposições irrealistas. Neste ponto, qualquer leitor que adere à paródia de Nassau Senior, esta é a parte em que você tem que dar o fora, salve-se! Eu sinceramente aconselho que você feche este livro e queime-o. Caso contrário, o resto da maratona será insuportável para a sua consciência embaçada.

Quando eu estava digitando a última linha deste capítulo, decidi voltar à ligação do meu velho amigo "Jerome", um sinal de que eu estava bem vivo. Havia rumores de que minha longa ausência era resultado de minha esposa amarrar uma coleira ainda mais curta em volta do meu pescoço, o que é em parte verdadeiro, mas informei-lhe que estava ocupado escrevendo um livro e farei referência a ele neste capítulo. Não sei se Jerome entendeu o que eu disse ou estava com medo de que eu estivesse escancarando nossa Caixa de Pandora, mas tudo o que o ouvi gritar do outro lado do telefone foi: "Say Whaaat?!" (Sei o quê?!!)

IV

MUDANÇA DE PARADIGMA

INTERLÚDIO IV

Você está com medo de explorar essa área
cheia de experiência e só existente
para dar prazer aos outros, provoca um
estremecer de prazer, mas
fique apreensivo também
deixando ir todos os pensamentos e apenas
explorando as alturas que podem
apenas ser imaginado para alcançar
uma explosão cheia de grandeza
agitando-se incontrolavelmente e
soltando sons que são apenas trazidos
no tom mais alto
a solução e o problema
uma vez que tal sentimento é experimentado
só podemos esperar ir além
de novo e de novo, desejando encontrar o
nível mais alto do qual nunca se pode descer

9

NÃO DESCANSE EM PAZ

"Como todos os grandes viajantes, já vi mais do
que me lembro e lembro mais do que já vi."
- Benjamin Disraeli

Há muito fantasiei que, um dia, estaria escrevendo
este capítulo. Parabéns aos leitores! Vocês
chegaram a este ponto médio. No entanto, eu não tinha
ideia de como estaria exausto depois dos incessantes movimentos preliminares intelectuais e violentos orgasmos cere-
brais. Os gêmeos contraditórios do bem e do mal residem
em mim, e essa convalescença emotiva derrubou o desafio,
forçando-os a mirar no mesmo objetivo e a jogar de forma
agradável para entender a bagunça global em que estamos
envolvidos. Se a versão da consciência elétrica não
queimou os neurônios restantes, aposto que estão prontos

para a próxima fase da quimioterapia racional na qual você pode estar arrancando os próprios cabelos em vez de deixar o veneno fazer isso por você. Até agora, meu herói é você, o leitor, por sua persistência na minha opinião sobre a atual doutrina sócio-político-econômica dominante, por pisar os cadáveres mortos da carnificina do Capitalismo e por emergir magnificamente, sem ressentimentos, desse labirinto. Para os confusos e emocionalmente cansados que esqueceram como chegamos aqui, deixe-me recapitular esta expedição antes de amarrá-lo a uma balsa e empurrá-lo pelas corredeiras.

Logo de cara, compartilhei um encontro agonizante com a verdadeira face da injustiça, ou digamos, a desigualdade, e uma das muitas imagens assombrosas de abortos sócio-político-econômicos que violam minha consciência dia e noite. O tom pessoal particular na carta dirigida a Mama Vincent é uma preocupação com seus sofrimentos e infortúnios nascidos do reconhecimento de que esse tipo de tragédia poderia ter sido minha realidade se o desagradável divórcio de meus pais e a subsequente batalha pela custódia me deixassem nasmãos analfabetase vagabundas de minha mãe em vez da minha jurisdição egoísta e insensível do meu pai.

Após o mea culpa, tirei meu chapéu para minhas musas incomuns, instigadorase coloridas desta intrigante busca para reanimar o mundo em que vivemos e, ao contrário de meus contemporâneos covardes, acabar com a resposta genuína também. Mas por favor, fique atento. Não há dúvida de que, sem cada um desses indivíduos e eventos, este livro teria sido um encontro chato e desastroso para nós dois. Sim, eu disse um encontro; sou um escritor bicurioso. Isto quer dizer que minhas palavras e espasmos não discriminam ninguém.

Espero que entenda que Kamikaze não foi uma homenagem ao senso de dever do jovem japonês que rebaixou a humanidade deles. Em vez disso, este capítulo questiona sua consciência da pobreza e os pobres que são um grupo que muitas pessoas são rápidas em julgar e abusar. Já percebeu como muito se tem debatido e como poucas atitudes apropriadas foram tomadas para erradicar a pobreza? Vejo gente pobre? Sim, vejo, e você também, se você não viu.

Desejar e querer mais de tudo o que Karl Marx e Thorstein Veblen decifraram empalidece em comparação com o consumismo global do século XXI. Essa insaciável força de vida tem sido erroneamente atribuída aos ocidentais com sua ambígua fé e barbárie religiosas e tem sido confundida com os pobres imitando os ricos. A China, a Grécia e eu somos testemunhas de que o hedonismo é uma das milhões de falhas com que os mortais e as sociedades comuns estão presas. O diabo em todos nós veste Prada e segura um Kalashnikov 47. O mundo enlouqueceu – Gangnam Style.

Comecei a separar dinheiro para construir o santuário de Paul Krugman no meu escritório depois que eu li o seu blog New Thinking and Old Books até que percebi que ele recebeu um Prêmio Nobel por seu golpe mais fraco. Em vez de lamentar sobre o óbvio, por que Krugman não produz uma nova fragrância agradável para os excrementos pútridos da economia? Sua homenagem ao capitalismo no século XXI demonstrou que o anseio global por um messias cega até mesmo o mais convincente dos economistas na medida em que ele profetizou que o livro poderia ser "o mais importante livro de economia da década." Este homem espirituoso e guardião paranoico consagrado do Capitalismo confundiu "ruídos" sedutores com os sinais

NÃO DESCANSE EM PAZ

reais. Este livro também poderia ter dedicado centenas de páginas sobre falsas profecias, mas muitos antes de mim venceram esta batalha. Eu, por exemplo, não sou fã de espalhar a propaganda do espetáculo ilusório do Capitalismo.

Certa vez acreditei que o sistema de justiça não é gentil com cúmplices, mesmo que não participem do crime real. A Senhora Justiça sempre foi retratada como vendada e segurando uma balança em uma das mãos, representando um discernimento imparcial. Cheguei à conclusão de que sua balancinha não pode pesar os erros de colarinho branco da maioria dos criminosos financeiros que conspiram para desviar milhões. Em outro caso, um inspetor de impostos ucraniano que recebe o equivalente a 10 dólares por mês é, por natureza, corruptível, o que transforma toda a nação nesse sistema de corrupção de reciclagem endêmico que existe em diferentes graus em todo o mundo. Então Viktor Yanukovych não era corrupto; ele esvaziou os cofres ucranianos, e sua ação quebrou toda a economia ucraniana. Ele é meramente um bode expiatório, pois o século XX teve inúmeras versões de Viktor Yanukovych. Teremos mais brutos de mesmo calibre se continuarmos patrocinando seus célebres "mentores" no hemisfério ocidental e ignorarmos o fato de que seus esquemas levaram a instabilidades financeiras regionais e civis que nos custaram caro, como exemplificado pelo desaparecimento dos passageiros malaios a bordo do voo MH17 da Malaysiaian Airlines.

Mohamed Bouazizi ... O nome deve falar por si neste momento.

Quando girei o botão da minha indignação para decibéis mais altos de um capítulo para outro, massageei seus ouvidos com alguns interlúdios para suavizar o ataque dos meus discursos.

O episódio final desta série, "Say Whaaat?!" (Sei o quê?!), nada mais era do que uma brincadeira com o nome do economista francês Jean-Baptiste Say. Levei o leitor de volta à cena inicial do crimedo Capitalismo, há muito esquecida, e desenterrei um monstro. Muito depois de sua morte, o esqueleto de Nassau Senior irradia uma cor verde efervescente enquanto plantava a semente purulenta na mais recente forma dominante de economia e desempenhava um papel central para a supremacia dos aproveitadores sobre a classe trabalhadora. Cumpri minha missão de profanar o túmulo de Nassau Senior. Eu tinha que decidir, enquanto sua farsa escravizar a todos nós nesta forma torta de enriquecimento e extravagância, desativando a racionalidade, que em sua lápide deveria estar gravado "Não descanse em paz".

"Um gato gosta de comer peixe fresco, mas não vai para a água."

- Provérbio mongol

Mesmo entre aqueles que rejeitam os ciclos globais da histeria sócio-político-econômica dos últimos séculos, alguns advertem que uma distribuição desproporcional da riqueza está prejudicando a classe média. A minha turnê do inferno nas últimas cem páginas o preocupou? Os economistas têm teorias poéticas que culpam o alto desemprego por uma demanda fraca por bens e serviços, enquanto a foto vergonhosa da disparidade sócio-político-econômica está acumulando pó. Aqui está o verdadeiro problema: ganhos pecuniários de desempenho formidável aumentaram e a distância e o tempo diminuídos entre vendedores e compradores neste planeta foram sondados para a classe reclusa, os aproveitadores, também chamados deCapitalistas. Incríveis saltos tecnológicos de uma máquina de escrever para um laptop não beneficiaram em nada os verdadeiros responsáveis das fábricas, a classe trabalhadora, que viu a reclassificação do termo subsistência para o que hoje é chamado de salário.

Eu não protestaria contra minha decapitação se este livro estivesse cheio de raiva apocalíptica e sem uma resposta autenticamente formidável. Aprendi, no mínimo, com meusantepassados pastores; conceitos arrojados são estressantes para o ignorante, mas o crème de la crèmeé autoungido para o resto de nós, idiotas autoconscientes. Como resultado, a abordagem adotada nos capítulos subsequentes não é tirada da disputa de uma boa sintonia. Fiz o meu melhor para ser o mais parcimonioso possível e evitar deixá-lo nauseado e desmaiar com todos os novos conceitos que vou lhe mostrar. Era necessário que eu me encarregasse de redefinir e recalibrar as terminologias que são os blocos de construção vitais dos meus conceitos alternativos.

De agora em diante, por favor, tome as precauções necessárias, especialmente antes de fuçar no abracadabra. O fim está longe, de qualquer antecipação, mais brutal do que possa imaginar!!!

COMO VOCÊ INSISTENTEMENTE BATEU nos portões do diabo, terá que entrar...

10

OS DIAMANTES SÃO OS MELHORES
AMIGOS DE UMA MULHER

"Le cœur a ses raisons, que la raison ne connaît
point."
    - Blaise Pascal

Um sábio que ficou cara a cara com uma cobra me
jurou que estava mais aterrorizado de acordar de
manhã cedo com o olhar fulminante de uma mulher do
que com qualquer réptil venenoso. Cheguei à mesma
conclusão quando, aos poucos, abri os olhos uma manhã
para a bela melodia dos pássaros perto da minha janela, e
Tara estavacom os braços e pernas cruzados. Ah,merda.
Seus olhos ameaçadores de guaxinim eram um sinal claro
de que ela não dormira, aperfeiçoando essa emboscada.
Em um ponto tático, eu precisava examinar rapidamente

profundos, daria aos leitores uma falsa sensação de realidade de que apenas nosso desejo ousado de nos separar do rebanho nos engana para pegar lixo das prateleiras delojas de departamento.E se você está lendo esta linha, significa que eu sou obrigado a contar a história completa, já que dei uma olhada mais de perto nas estrelas do norte que guiaram os hábitos dos consumidores.

Antes de Harry Gordon Selfridge abrir sua loja em 1908, na Oxford Street, em Londres, as lojas tinham gerentes de setores que espreitavam seus clientes e "educadamente" jogavam fora quem era não visto como um comprador em potencial. As pessoas querem esquecer ou nunca ouviram falar que, na época em que a Inglaterra era considerada a nação mais avançada do planeta, uma mulher honesta não podia sair sem ser acompanhada por uma figura masculina e diferentes classes sociais não podiam fazer compras na mesma loja. Chegou então Selfridge, cujas táticas de marketing implantadas em Londres, na Inglaterra, atraídas por anos de escalada e desembarque no principal local administrativo da loja de Marshall Field em Chicago, transformaram toda a experiência de compra e desmantelaram a prática cruel de literalmente ter contratado o trabalho dos funcionários e ficar nas lojas em período integral. Pela primeira vez na Inglaterra, pessoas de qualquer origem social tinham permissão para ver e tocar as mercadorias por seu próprio prazer, e banheiros femininos foram construídos na loja para evitar atrapalhar as compras das mulheres. A loja da Selfridge não apenas da sociedade inglesa "civilizada", mas também forneceu um modelo para toda a indústria de varejo. Aquele homem inteligente provavelmente passou sua infância como um garoto pobre assim como as lições aprendidas de suas aulas bíblicas da irresistível tentação que levou Adão e Eva a cair em tentação. Mas seu truque inteligente abriu as portas para navegação ilimitada que expôs imperfeições e carteiras da humanidade.

O implacável retrato da prosperidade chinesa, desenhado como um ataque do Godzilla, é errôneo. Para começar, Godzilla é um lagarto japonês e não um dragão chinês. Além disso, é racista pensar que todos os monstros asiáticos são parecidos. Não faz muito tempo, uma propaganda xenófoba apareceu em um filme e me pegou desprevenido. O documentário Red Obsessionconcentra sua atenção em como a luxúria dos Chineses Ricos pelo grand cruelevou os preços em todo o mundo, fornecendo vinhos de alto preço. Ao mesmo tempo, a visão estreita do filmeobscureceu o fato de que os vinhedos estabelecem preços com base na opinião dos críticos arrogantes do setor, já que um deles no filme afirma que não apenas saboreia vinho, ele "ouve". E a comoção de uma hora erroneamente amplificou o papel desempenhado por marionetes gordas como Robert Parker na invasão de vinhos franceses do mercado chinês. Qualquer um pode me citar sobre isso, se ousar. O Barão Eric de Rothschild demarcou seu território sobre a Grande Muralha, alcançando os passos dos chineses que acumularam uma fortuna lançando dildos para o oeste por cima do muro, quebrou a natureza curiosa do apetite chinês.

Escassez é um termo que as civilizações ocidentais abusaram extensivamente em todos os setores da indústria, e seu impacto no campo econômico teve repercussões de longo alcance. No entanto, não é suficiente transformar um produto em uma galinha dos ovos de ouro. Grandes cadeias de varejo com seus tentáculos globais desbloquearam e dominaram o segundo valor que estou esculpindo desta vez. Acredito que deixar uma loja do Walmart sem comprar nada não é apenas imprudente, mas imoral. Bem, a menos que seja depois da meia-noite e você seja uma bela mulher solteira vestindo uma roupa minúscula. Na guerra travada contra bolsões profundos e conglomerados de parasitas, para as lojas informais, agora é uma questão de sobrevivência. Comprar o mesmo padrão astuto de nos inundar com produtos e propagandas de maneira enganosa e confusa com um charmoso sotaque americano do sul ou as inconfundíveis rotações da cabeça da Ganesha.

Em um pretexto para fazer de um produto uma vitória comercial em prol da longevidade de uma empresa, rotulado como competitividade, da era passada, quando os humanos começaram a tirar proveito das limitações dos outros para a nova era das empresas aproveitando nossas falhas, o comércio ferve até um elemento: trazer um produto ao alcance físico dos clientes em potencial e, atualmente, dentro da faixa digital, é vital.

"Devo me matar ou tomar uma xícara de café?"
- Albert Camus

"Dois já foram, falta mais um!" Disse a mim mesmo. Enquanto eu deixava as minhas joias de família sairem para tomar uma brisa no meu escritório e me parabenizar por quebrar dois pilares da minha análise do comportamento do consumidor, um dilema de desenhar uma imagem clara até o último lance que dará à luz capítulos que subitamente surgiram e desviaram meu ego. Ao longo do livro, passei a definir rotineiramente a decoração dos meus raciocínios, gastando minha própria vida e abusando de meus familiares e amigos para avaliar o interesse de um leitor. Para meu crédito, não é todo dia que se depara com alguém que, na infância, ajudou na melhor solução de qualquer regime autoritário para qualquer coisa descartada como uma execução social e pública. Sim, observei criminosos brutais, ativistas esforçados e presos políticos sufocando e balbuciando, enquanto esperavam por horas até que seus pescoços desistissem. Então, novamente, esses espetáculos não foram aplaudidos ou amplamente aceitos como a guilhotina ágil durante o Reinado do Terror da Revolução Francesa. Estes crimes não foram o reflexo de uma comunidade como as autoridades patrocinaram os shows de linchamento nas regiões do sul dos Estados Unidos durante a era de Jim Crow, onde policiais mantinham um suspeito negro em cativeiro até que uma multidão branca se formasse e aplicasse as convenções sociais. Ainda não compreendi como a insanidade e o senso de dever vencem a razão, mas estou oprimido pelo desafio dos condenados.

Sonhava com o momento em que assumiria o ponto de vista vital que vai além do consumismo. Infelizmente, percebi que estava alheio à montanha íngreme que tive que escalar, no esforço de despertar a sensação de certo e errado dos leitores ao longo da última parte da minha exposição. O que fervia profundamenteem mim era uma resistência impassível quando se tornou evidente que eu teria que cavar as experiências mais miseráveis da minha infância para lançar uma luz sobre a característica invejável dos seres vivos. Claro que duvido que a razão da minha vã fuga do inferno traria clareza a esta conversa temos agora. Tentando limpar o caminho através de toneladas de lembranças de ódio e depois extrair o puro peso de meus problemas e tribulações, direi que ter passado noites em uma banca da Coca-Cola e não ter experimentado a extinção final de Buda abriu meus olhos para nossa incapacidade de simplesmente deitar e morrer, sem a ajuda de um simpático doutor Kevorkian.

Há uma abundância de contos sobre a miséria neste livro, mas há também mais do que a porção de histórias de sobrevivência e muito a dizer sobre a força motriz por trás de nossa contenção mental que nos impede de sufocar um supervisor de microgerenciamento ou um cliente falante no trabalho. Mais do que qualquer espécie, os seres humanos dominaram as etapas de ação necessárias para evitar a dor ou prolongar nossa existência. Não tenho a menor dúvida de que todos nós temos a mesma determinação de satisfazer nossas necessidades individuais, mas a diferença é o fato de agirmos de maneiras diferentes. Meu primo mais velho, Claude, um cleptomaníaco, nunca teve um emprego por mais de dois dias em toda a sua existência, mas de alguma forma ele consegue viver muito bem, esbarrando nos ricos e famosos, por meio de seu talento. Há outro motivo para comprarmos o que compramos. Além disso, ou além do sentimento e da tentação, comprar sapatos, buscar um lugar para morar, ir ao trabalho, comer, ou simplesmente amenizar a vida, vejo uma resposta à nossa incapacidade de sustentar o desconforto e o medo de enfrentar o desconhecido após a morte.

"Me esforcei para não rir das ações humanas, não chorar, nem odiá-las, mas entendê-las."
    - Baruch Spinoza

Meus amigos teóricos da conspiração compararam este capítulo a um passeio em uma montanha-russa acelerada na tentativa de explicar os abusos, as crises financeiras, as guerras e o aumento da cintura da população mundial. O que mais esperar quando a cumplicidade da propensão das ações dos humanos se assemelha a táticas maquiavélicas e à curiosidade insaciável. Afirmo que a busca de satisfação das criaturas é baseada em uma escala de contingência, enquanto as noções de necessidades materiais e maximização do prazer são fábulas extravagantes lançadas pelos teóricos num desejo de assegurar suas posições acadêmicas. Organizei meticulosamente este capítulo de maneira a ser consumido sem esforço, e estou bem ciente de que os três conceitos sobre valor que elucidei serão retirados da mente do leitor se não receberem rótulos e resumos clichês.

Valor sentimental: os avós, os pais insultados e as mães dominadoras capitalizam o poder hipnótico da coerção sentimental, e uma pessoa submetida a este raio radioativo por muito tempo sofre de baixa auto-estima, necessidade de reafirmação e diabetes. Essas são necessidades puramente psicológicas que podem ser fabricadas por nossos próprios fantasmas ou golpes de marketing.

Valor de proximidade: Vários dos contos de criação sugerem que as mulheres são responsáveis por todo o sofrimento humano no mundo de hoje. De jeito nenhum! Todos nós herdamos as fraquezas de Pandora; na mitologia grega, Zeus entregou-lhe uma caixa e disse que não deveria abri-la, mas ela a abriu e liberou todas as doenças e males para o mundo. A tentação é um lado da moeda. Do outro lado, há proximidade.

Valor de sustento: Ao longo do tempo, o valor de sustento foi confinado e reduzido ao escalão de subsistência, onde observamos na Inglaterra que os trabalhadores de Nassau Senior recebiam comida suficiente para outro dia de trabalho ou eram jogados para a paróquia. A culpa e a responsabilidade são comumente colocadas nos capitalistas. Alheio aos ataques de Thorstein Veblen ao consumo conspícuo do novo rico, assumi o controle e, mantendo o fluxo de sangue em nossas veias, há um motivo independente por trás da subordinação universal à estreita definição de necessidades fisiológicas.

Tenho que destacar a propensão de ação como uma chave para minha análise. Para unir tudo e lançar um osso para as pessoas que não conseguiram resolver este enigma do universo, sem cetamina para fazer a jornada na mente obscura, a propensão da ação é o oposto da indiferença e a soma dos valores (sentimental, de proximidade e de sustento). Para tranquilizar o leitor, encurtei esta explicação desconcertante por uma razão visual e, nos capítulos subsequentes, vou colocar este conceito num pedestal de comércio e iluminar as implicações estruturais. No entanto, existem certos pontos vitais sobre as características dos valores.

Fluidez: Nenhuma outra jornada ilustra melhor do que como uma jogada psicológica pode se transformar em uma armadilha fisiológica do que a dependência de drogas. Da maconha social que um adolescente agressivo fuma para se encaixar em um grupo até a trágica vida adulta de uma cabeça tomada pelo crack. Andar descalço pode parecer a coisa mais "boêmia" e sexy em um campus americano. Temos sapatos para evitar as bolhas dolorosas que endurecem a sola dos pés, mas Kanye West sugere que um par de tênis Gucci superfaturados te fazemvoar.

Zero ou negativo: Enquanto cresciamos, um dos meus queridos amigos era considerado o garoto mais esquisito do nosso grupo. Ele não tinha interesse em garotas, a não ser trançar os cabelos delas. Depois de mais de uma década, encontrei-o enquanto passava as férias e passeava pelo meu antigo bairro. Ele é desavergonhadamente gay feito um flamingo. E seu cabelo estava impecavelmente penteado.

Voltando à história inicial, a caça ao tesouro não terminou do jeito que minha esposa esperava. Enquanto desfilava seu anel para suas amigaspela cidade, acumulou reações mais terríveis e comentários cínicos do que aplausos. Uma de suas amigas sussurrou um pensamento chocante, questionando se o anel era um diamante de sangue. Para minha grande satisfação, ela desde então incitou sua associação VIP no cartão do clube das garotas malvadas, e no Facebook, rebaixou o status de relacionamento de todos as suas melhores amigas para simplesmente amigas. Sejamos realistas por um moment, não sou só uma captura primordial para uma enfermeira sexy que leva a dor de trabalhar com almas atormentadas e doentes, mas o símbolo de status de usar um anel indica ser reverenciado como alguém precioso e digno de reivindicar é muito mais atraente do que o pesadelo da corrida sexual de rotina que as mulheres solteiras suportam na busca de suas metades. Simplificando, os sentimentos são fabricados. E enquanto histórias em potencial puderem ser gravadas nesses pedaços de carbono, os bandidos os balançarão diante de nossos olhos e o noivado santificará os prazeres carnais, os diamantes serão a horrível fantasia dos homens e os verdadeiros melhores amigosdas mulheres!

11

SEGURE O MEU DEDO

"Parei de procurar uma Garota dos Sonhos, só queria uma que não fosse um pesadelo."
- Charles Bukowski

Após a troca de jabs e ganchos neste livro, tenho certeza de que você se sente como se estivesse num relacionamento abusivo. Se tais sinais reveladores não o assustaram, droga! Aposto que despejar mais confissões do meu dia selvagem também não assustariam. A adaptação de amigos e familiares ao meu uso de álcool e à fobia comfestasfoi uma perda de tempo. Parece que há não muito tempo, não importa onde eu estivesse neste planeta, não importava se eu estivesse com amigos solteiros ou fogosos pseudocomprometidos, ou com meu primo Olivier, o fim de semana era dedicado a celebrações lascivas e opacas.

Onde é o local onde predadores impulsivos solteiros e diversas presas convergem? Casas noturnas! Mas mesmo apertados como sardinhas, esquadrões diferentes desenham linhas de demarcação que tornam a busca por um companheiro de cama extremamente exasperante. Da cidade de lixo de Manshiet Nasser, no Egito, ao aparente do centro financeiro chamativade Dubai, a bebida induziu homens corajosos a considerar a paisagem; suportar as mesmas dores de dar o primeiro passo, oferecendo uma bebida ao seu objeto de interesse, acaba por colocá-lo numa posição de barganha mais fraca. Vorazes por quantidades copiosas de bebidas grátis, as mulheres astutas ficam sedutoramente vagas e fora de alcance enquanto causam sérios danos às contas dos novatos.

Eu não sou um estranho a derrotas humilhantes e esmagadoras no cenário das boates. Com as falhas veio a experiência, ou devo dizer, desenvolvi novas estratégias. Há uma idade e um tempo em que um predador passa pelo processo de aprender como sincronizar "ambas as cabeças" no jogo. Bofetadas no rosto e pequenos enganos afiavam meu nariz de pastor alemão e meus instintos de atirador. Agora, posso facilmente farejar uma prostituta não tão disfarçada logo depois de sair de uma boate que é facilmente persuadida de que pular no carro de um estranho é uma decisão sábia. Pelo bem da minha vida, minha esposa, uma turba fingindo ser os caras legais que poderiam me matar, assim como pela continuidade da espécie masculina, tenho que afirmar que nem todo homem anseia por uma oportunista. Foi a minha preferência maravilhosa e sem stress, na hora certa!

Quando se trata de acasalamento, as espécies femininas têm suas próprias peculiaridades. Minhas amigas do sexo feminino, um caldeirão de diversas origens e raças, são mentirosas patológicas ou sofrem de uma disjunção do cérebro e do resto do corpo. Alegam procurar parceiros altos, atraentes, ricos e bem-educados. Este protótipo escolhido, o macho alfa, é um contraste zombeteiro com os palhaços anões, os machos selvagens ou as fêmeas que geralmente desaparecem ao bancar de bêbados depois de deixar o clube. Quando pergunto à minha atual esposa por que ela aceitou namorar e se casar comigo, os ingredientes do elixir tolo tornaram-se surpreendentemente simples para mim. A principal queda dessas tigresas é resumida no incansável incômodo, indiferença e humor obscuro. As três forças hipnotizantes quebram a indiferença das mulheres, e voilà!

Na superfície, todos os agentes do clube não querem ir para casa sozinhos. Ironicamente, as mulheres não desfilam seminuas para conhecer homens e são indiferentes à grande quantidade de rapazes que pedem números de telefone, enquanto os senhores acorrem aos clubes para conhecer mulheres de suas preferências e nunca há uma falta de perspectivas. A mesma equação é aplicada ao mundo cibernético e estendida a passeios descontraídos por uma rua movimentada onde os homens iniciam um bate-papo com base no que vêem e uma resposta feminina é baseada em como se sentem no momento. Em uma festa, essa imagem ganha vida quando alguém divulga em uma conversa sobre sua própria saga de namoro, e bum, as mulheres proclamam unilateralmente que o cavalheirismo está morto e colocam a culpa nos machos, enquanto os machos reagem unanimemente jogando a culpa nas fêmeas, porque as perspectivas estão difíceis de conseguir.

Agora, você provavelmente já riu o suficiente e está se perguntando como essa competição sem vergonha está ligada à economia. Eu deixarei de lado as complexidades dos relacionamentos entre pessoas do mesmo sexo e outras formas de relacionamento, num esforço para ser sucinto. A propensão dos homens para agir baseia-se em grande parte em seus valores de sustento, uma preferência, e a propensão das mulheres a agir é movida por seus valores sentimentais, uma indiferença. Os valores de proximidade são ponderados da mesma forma na propensão a agir para ambos os sexos. Em termos de comércio, não posso apoiar a falsa premissa microeconômica de preferência e indiferença que os palestrantes usam para confundir seus alunos e fazer dela o básico. A dissecação de cenas do clube é a mesma do mercado. Permita-me atribuir um gênero sem atribuir o preconceito que vem com ele; uma empresa é um homem e o cliente é uma mulher. Minhas afirmações evocam uma simplicidade no complexo samba de dança entre empresas e compradores. Por um lado, os conselhos de presidentes de empresas, que ainda são excepcionalmente dominados por homens egocêntricos, tomam uma decisão baseada unicamente no objetivo de sobrevivência e continuidade, que é sujeito a preferências. Uma empresa ou negócio consiste de um grupo de pessoas ou um indivíduo em busca de produtos ou "ganhos" da galinha dos ovos de ouro e agir como homens na boate. A manipulação em massa não se isenta por esta regra; a primeira-ministra de Bangladesh, Sheikh Hasina, ou a ex-Secretária de Estado dos Estados Unidos, Hillary Rodham Clinton, personificam o machismo masculino ao jogar nas grandes ligas. Por outro lado, as mulheres herdaram a responsabilidade crítica do nosso bem-estar. Desde cedo, crianças de ambos os sexos são arrastadas por bazares e hiperlojas geladas, e são constantemente expostas aos padrões de compra de nossas mães. Portanto, não é de surpreender que esse processo de programação cerebral tenha definido a tomada de decisão caprichosa dos compradores no mercado ou, simplesmente, nossas indiferenças. Ao costurar o conceito, as escolhas dos fornecedores baseiam-se unicamente em suas preferências, enquanto as escolhas dos compradores (os consumidores são uma subcategoria) são resultado de suas indiferenças.

No hemisfério ocidental, você ficaria espantado com o fato de as empresas seduzirem compradores e quebrar sua indiferença. Pisos de lojas inteiras são projetados com base em estudos sofisticados sobre os comportamentos dos compradores. O mesmo princípio vale para o método menos refinado e agressivo dos comerciantes de rua nos mercados de vodu em Lomé, Togo, ou nos mercados asiáticos flutuantes de Bangcoc, na Tailândia. Enquanto as empresas trabalham duro para baixar nossas guardas e abrir nossos bolsos, nós, os compradores de qualquer gênero, idade, raça, localização geográfica e classe social, incluindo Vladimir Vladimirovich Putin, nos transformamos em meninas.

"A coisa mais difícil de explicar é a evidência que todos decidiram não ver".
- Ayn Rand

No hemisfério ocidental, fico aturdido pela ingenuidade do público geral sem paralelos. A ociosidade de prontamente verificar informações pode ter algo a ver com a quantidade de notícias facilmente acessíveis. Para enfrentar qualquer problema, para mim é importante detalhar a fonte e pegar a cobra pela cauda. Semelhante a 1878, Milton Wright trouxe para seus dois filhos mais novos, Wilbur e Orville, um "helicóptero" de brinquedo feito de papel. Os irmãos Wright construiram uma máquina voadora. Esta história parece tão romântica, mas não é sem controvérsia e reivindicações concorrentes. Eu tenho Gustave Whitehead em mente. Atribuo a estes pais de pássaros mecânicos o atroz ataque do Nippon a Pearl Harbor e a extrema retaliação do governo americano com a bomba atômica em Hiroshima e Nagasaki. Imagino que todas as partes envolvidas tenham assumido novas identidades no inferno para evitar uma segunda morte por um linchamento da multidão por sua contribuição para a morte do nosso belo planeta.

De vez em quando, submeto meu intelecto a bizarras lutas em gaiolas, buscando melhorar minha tolerância com indivíduos mal informados. Não importa o quão elegantemente derrotei um imitador de Shaolin, nunca é bom para pessoas que vêm países que vejo como bloqueados na busca de compreender os outros, em vez de procurar descobrir quem eles realmente são. É desnecessário dizer que não tenho nenhuma simpatia por esses agnósticos e escravos cuja teimosia está prolongando a nulidade econômica de suas nações. Sua complacência está na desculpa internacionalmente cantada e exagerada de conflitos civis e corrupção, e no caso das tribos indígenas americanas, o alcoolismo.

Vindo de uma das repúblicas degeneradas divulgadas, um país como muitos outros onde a mudança foi usada em vez de ser aplacada com benefícios durante o medo dos Estados Unidos do comunismo durante os anos 1960 e 1970, tenho o direito de falar do longo atraso com que nos deparamos com a verdade gritante. Descontando os efeitos sobre as nações anteriormente colonizadas do papel "assumido" do governo e sua liderança como um pai sábio provendo sua descendência dependente, herdada dos persistentes hábitos molestadores de colonização, rebanhos de eruditos dignos de pena sugerem que as nações a questão maisurgente dos pobres do terceiro mundo é o desemprego. Se me permito acompanhar esta farsa, digo que suas duas curas estão a mil milhas adiante na estrada da divisão de trabalho de Adam Smith. A especialização nacional heterogênea predominante no comércio de habilidades avançadas ou a maneira que eu gosto de chamá-la é: "Fingir até conseguir." A outra solução é consequente ao século XXI: o pluralismo do sistema de aprendizagem.

Expliquei cuidadosamente sobre a recompensa de classe e o pluralismo do sistema de aprendizagem no último capítulo deste livro, por isso continue nessa parte. Daremos pequenos passos. A especialização do comércio nacional heterogêneo na fase de infância requer a construção de infraestrutura e a escultura de uma obra-prima - essencialmente, dinheiro para inventar o medicamento e realizar sessões dolorosas de quimioterapia econômica. Se a sua nação tiver armas nucleares, por favor, faça um multiplique seus débitos para financiar injeções de esteróides e ganhe muito dinheiro rapidamente. Em meados de 2014, a dívida mundial atingiu US$59 trilhões de dólares! E de forma impressionante (estou brincando), os maiores devedores não são o empobrecido Chade e a infestada República Central da África, mas as economias dos Estados Unidos e do Reino Unido.

Por que ninguém está aconselhando o ex-primeiro-ministro do Reino Unido, Tony Blair, com seu pseudônimo atual, a Transparência Internacional, a parar de latir sobre os pobres e morder o próprio rabo? No entanto, mundo, não entre em pânico. Com a compensação de outros países, há outros US$370 bilhões para desperdiçar antes de todos saltarmos deste planeta! Deixe-me voltar minha atenção para os países sem armas nucleares ou qualquer arsenal militar aterrorizante. Meu conselho pessoal é evitar a armadilha da auto-escravização e a tirania das instituições financeiras, optar pelas algemas de investimento estrangeiro e seguir o caminho dos contratados. Aqueles que estão dispostos a ser um tutor como Fred C. Koch, apenas certifiquem-se de que eles não tenham filhos malcriados.

Outros países simplesmente usam esteróides, que têm consequências perigosas para a saúde, como o encolhimento das bolas políticas ou a exacerbação dos delírios da liderança. Este último aconteceu com o México; a modernização forçada e o crescimento econômico sob o reinado de José de la Cruz Porfirio Díaz Mori deveriam servir como uma história de advertência. Porfirio criou uma disparidade entre a florescente classe alta e o empobrecimento severo das massas rurais que levaram à Revolução Mexicana em 1910.

Depois de todo o trabalho árduo, um país contrairá a poderosa doença degenerativa das articulações. Há uma abundância de contas mostrando como uma nação se torna rica, o sucesso revela desafios sócio-político-econômicos em curso, a melodia central deste livro. O que é isso? Se você descobriu, ótimo. Para os preguiçosos, recuso-me categoricamente a fazer todo o trabalho mental para você. Vamos apenas esperar que você seja capaz de decifrá-lo até o final deste capítulo ou esteja condenado.

Depois de meses de introspecção, a imposição duradoura dos desmembramentos falhos de comércio de David Ricardo e especialmente do comércio sobre a economia política ainda não faz sentido. O fato de que a vantagem comparativa de Ricardo é ensinada com rigor coloca a passividade da academia econômica em plena exibição. Mas minha preocupação é de outro espectro. Eu não fico surpreso com a habilidade de um corretor e um especulador de mercado financeiro próspero que Ricardo tropeçaria em uma aposta certa que desfez a maioria de seus erros. A dedução de Ricardo da dualidade entre custo de mão de obra e lucro era de fato uma pequena declaração para o homem, uma observação gigante para a humanidade!

Vejo a relação inversa direta entre trabalho e lucro como uma lei natural como forças de gravidade. No entanto, articulo-o de maneira diferente, evitando o pecado principal feito pelos economistas clássicos de fundir duas atividades distintas. Precisoamenizar esta acusação, por causa da premissa em seus exemplos simplificados, castor e cervo no caso de Adam Smith; commodities são trocadas e não são vendidas em um mercado aberto. Além disso, o dinheiro ainda não era o utensílio crucial que representava uma parcela da riqueza de uma nação e que estava presa de forma sofisticada com o bem-estar. Para deixar isso mais claro, não sugiro que o dinheiro represente a quantidade invisível de energia dispensada para capturar e trazer cervos para o mercado, mas o dinheiro é um instrumento transferível que contribui para o bem-estar geral. Meu exemplo é uma nação na a qual toda a economia se baseia em fazer cadeiras. Se esta nação tem cem cadeiras, o volume de qualquer forma de pagamento transportável apoiada pelo governo da nação representa aproximadamente as cem cadeiras.

Se você não consegue ler nas entrelinhas, eu quis dizer que a política monetária só pode estancar uma hemorragia econômica, mas nunca ressuscitará ou aumentará a virilidade econômica de uma nação. No entanto, não vou ignorar o dinheiro como um instrumento financeiro que cria artificialmente mais dinheiro. E o dólar não está isento. Ainda assim, a América derrotou o ouro de forma eficaz e substituindo-o pelo ouro selado como a reserva monetária do mundo, lentamente inundou e controlou a representação da riqueza de outras nações ou, em nosso exemplo, o número de cadeiras. A mensagem sutil neste capítulo é refutar a noção de um maximizador racional e, em vez disso, demonstrar que os seres humanos, assim como qualquer outra criatura, é um minimizador racional. Usamos a informação que está disponível para nós e a experiência a priori para perseguir o objetivo de minimizar nossos riscos, nossa decepção e nossa dor em cada escolha que fazemos. No entanto, o valor que tem maior influência em nosso processo de tomada de decisão é fundamentalmente baseado no papel que assumimos na época: seja como presa ou como predador. Quando você vai a um supermercado, você é a presa e quando vende alguma coisa, é o predador. Enquanto estou neste exercício de definir os termos que você encontrará nas passagens subsequentes, devo avisá-lo que o preço é usado aqui como um ganho pecuniário relativo à propensão de agir de uma pessoa, independentemente se é um preço justo de mercadoria, preço de mercado ou preço natural.

Minha graciosa rodada de aplausos para Ricardo levou meus pensamentos a um labirinto instigante. Por favor, aguente firme, darei o meu melhor para não perdê-lo. A melhor maneira de contar esta história sem perdê-lo é: o Capitalismo em sua forma atual mantém uma ponte conflituosa entre produção e serviço. A receita é determinada pelo lado da oferta. A primeira atrofia dos capitalistas do valor do sustento do trabalho tornou o custo do trabalho em um preço fixo de mão-de-obra para coletar uma boa parte do preço justo. E então eles passaram para o lado da demanda, abusando do trabalho aterrorizado para espremer o máximo do lucro, enquanto enganavam o valor sentimental dos compradores para elevar o preço de mercado tão alto quanto o preço natural que eles conseguirem.

De minha observação de uma pessoa que vive em uma favela atroz e outra em um condomínio fechado, ambas vão trabalhar para ter um teto sobre suas cabeças e cada uma delas possui um aparelho de televisão e um de DVD, porque adoram assistir filmes picantes. Este exemplo não é para imaginar que os pobres gostam de imitar a opulência, mas apontar os princípios que escravizam os humanos para trabalhar como mulas e o "querer" é equitativa e universalmente disperso. De fato, a exploração de denúncia trabalhista feita por Karl Marx foi modestamente correta e, ao mesmo tempo, de certa forma errada por não se colocar ao lado da exploração dos compradores.

Raposas corajosas como o socialista ricardiano Thomas Hodgskin se depararam com seus rostos pálidos, ao esticar a peça central de Ricardo e declarar que o trabalho é a fonte de todo o valor. Este é um clássico réponse du berger à la bergère para o decreto dos proponentes burgueses e a posição atual de que os capitalistas suportam todo o risco no comércio. Para qualquer partidário fervoroso de Karl Marx que esteja lendo este livro, lamento sinceramente, mas deixei de considerar este bêbado de temperamento forte e barbado como um dissidente de sua desorientadora concessão de que os trabalhadores se perdem sem os donos de dinheiro. Juntamente com a contribuição lenta e escassa de Piero Sraffa para eliminar a ideia de Ricardo, ele apenas aumentou a complexidade do argumento o suficiente para garantir uma série de faculdades econômicas. Na maior parte, o único argumento correto de David Ricardo, a dualidade entre trabalho e lucro, foi perdido sob um monte de teorias inúteis.

"Não assuste os pássaros nos quais vai atirar."
- Provérbio Malgaxe

Existe um esforço subscrito em nossa consciência para silenciar o debate em torno das disparidades econômicas. Nas poucas vezes que o volume do microfone foi ligado, as discussões foram centralizadas em quem é merecedor ou indigno de obter a maior parte do excedente. Na verdade, os duelos de luta livre perderam sua popularidade antes de cruzar o século XXI. Posso imaginar que em breve as pessoas estarão se voltando para os feiticeiros para aconselhar políticas econômicas, como os líderes africanos e haitianos vêm fazendo há anos. Quem é o culpado pela falta de originalidade quando se trata de resolver esse dilema da disciplina econômica?

Os economistas andaram na ponta dos pés sobre a linha divisória entre os dois setores iniciais do Capitalismo, produção e serviço, em suas atribuições sobre a definição imprecisa do preço natural e do preço de mercado, ao mesmo tempo em que temem que apenas este último contenha um excedente justificável. No entanto, no estado de estrela solitária do Texas, a fabricante de carros elétricos mimados, Tesla, não tem permissão para vender seus veículos diretamente ao público. As montadoras precisam passar por revendedores franqueados para oferecer seus produtos e serviços. Na Etiópia, descobri que os restaurantes não podem ter um açougue ou vice-versa. Em todo o mundo, há muros iluminados espalhados entre a produção e o serviço, baseados no senso comum, sem frustrar setores de negócios. Uma vez me disseram que os intelectuais imbecis apoiados em sua fama desatualizada e deflacionada de que eu não tinha o direito de continuar de onde David Ricardo havia parado até que aprovassem que eu bem merecia embarcar em tal jornada. Até agora, continuo encontrando migalhas de pão com as iniciais de David Ricardo. Foda-se o seu consentimento - não tenho nada a perder seguindo o rastro de migalhas e pregando a mensagem de libertação antes que os gângsteres monetários façam outro "crescimento da recuperação econômica" e convençam o mundo de que a mudança não é necessária.

Enquanto o mundo atual está cheio de aplicativos em nossos smartphones que fazem a invenção do pré-histórico remoto e ameaça roer o negócio de arquivamento de impostos do meu sogro, não há desculpa para cobrar cegamente o caminho errado. Joseph Schumpeter é um dos pássaros exóticos e raros que expressaram sua preocupação com o papel da ideologia na economia, mas, mais importante, previu um vislumbre do milagre. Como é apresentado hoje, o avanço dos sistemas de informação desde então desmistificou o papel dos caixas de banco, obscureceu o futuro dos contadores e estendeu as transações financeiras à constância em tempo real para cantos de grande alcance da Terra. Enquanto estamos debatendo sobre o que mais valorizamos, tenho fé no principal benefício da mística tecnológica atual e futura e na habilidade de meus contemporâneos de preencher a lacuna entre o que é deplorável e o que deve ser incrível.

V

NOVO TESTAMENTO

INTERLÚDIO V

Eu não sou tão talentoso para colocar em palavras
Eu estou tentando apagar o espaço entre nós
A história perfeita terá que esperar
enquanto nós carregamos a linha de madeira
com todas as realidades se espalhando
Eu escrevo um baseado no que eu teria a dizer
é muito complexo para minha mente planejar
veja, minhas mãos estão tentando segurar
o que eu não conseguia imaginar antes
e o que eu não consigo pronunciar, as pessoas
é o efeito total de mim em sua cabeça
e eu nem sei porque eu gostaria de
exceto que eu ouço você
e talvez nem isso
isso é maior do que as palavras que eu posso pronunciar
É meu todos os dias, desde que perdi minha imaginação
e eu não me desculpo
por não saber como descrevê-lo
como está na íntegra
como é na carne

como isso é...
um milagre, certamente
um sacrifício, de fato
Uma coisa é certa
Eu valorizo minha caneta e minha dor
por causa disso
Eu não vou desistir dos pensamentos para honrar isso
não,
Eu não vou desistir de tentar
perseguir o demônio

12

O ESTADO ATUAL E RUDE DA SOCIEDADE

"Dì il vero e affronterai il diavol."
- Sabedoria Italiana

Nunca antes me comovi como na primeira vez em que li o último parágrafo do décimo-primeiro capítulo do que considero ser a Torá sócio-político-economica, A riqueza das nações. Ali mesmo, Adam Smith fez um sermão pungente denunciando o caráter ávido dos aproveitadores. Ele profetizou que um dilúvio sócio-político-econômico estaria por vir se a classe dos lucros não fosse bem controlada e acabaria por produzir os Ivar Kreugers, Sibtul Shahs e Bernard Madoffs que vemos hoje. Imagino que o espírito de Smith esteja voando por aí, tocando freneticamente o alarme. Se há algo a aprender com as ondas recorrentes da crise financeira global e as pandemias de injustiças sócio-político-econômicas, é que a consciência do público está, a todo momento, retrocedendo mil passos dos coniventes movimentos de xadrez dos donos de empresas na fusão de riqueza e poder. O Nostradamus da economia política viveu o suficiente para ter um vislumbre do momento de construção que precedeu seu pesadelo arrepiante da insustentável revolução financeira global.

Dois séculos atrás, as apreensões de Smith com os "donos de dinheiro", que se confundiam com as criaturas viciadas em poder e desfiles (políticos), há muito são ridicularizadas pelo senso presunçoso de que os interesses próprios e a responsabilidade social não são ideais mutuamente exclusivos. Na realidade, o falso ritual antagônico democrático das eleições atrai candidatos de todas as denominações e plataformas que precisam de fundos de campanha e munições para as masmorras de provas sonoras dos magnatas perversos. Os vencedores permanecerão naquela masmorra em uma coleira curta durante o mandato, onde serão empurrados com travesseiros cheios de dinheiro enquanto permanecem parados e impotentes, vendo seus "patrocinadores" batendo na rua principal para superar as expectativas de Wall Street através do seu olho mágico. No entanto, esses abusos de confiança pública não chegam nem perto da brutalidade e repressão experimentadas no sombrio hemisfério. Em países onde a linha divisória entre os dois mundos, público e privado, é inexistente e a política é sinônimo de negócios, coisas realmente ruins acontecem o tempo todo para pessoas realmente boas, e a vida continua.

Sobre os impostos, a clarividência psíquica de Smith também estava correta. Conglomerados com seus tentáculos em todo o mundo dominaram o truncamento de suas obrigações fiscais tão bem com isenções feitas até o ponto em que os tesouros públicos acabam lhes devendo dinheiro. O número de pequenas ilhas surgidas como paraísos fiscais explodiu, facilitando para pessoas e empresas que podem contratar um contador nerd e mudar seu continente de residência para escapar dos impostos. Não temos nada para nos orgulhar. Um recente retrocesso do governo do Reino Unido contra o assombro conhecido como Starbucks exercia engenhosamente a proteção das empresas para evitar os impostos e o ataque lançado pela nação mais endividada desta galáxia a bancos secretos suíços. Ambas as nações não têm intenção de nivelar o campo de jogo para todos. Provas? Nos Estados Unidos, tudo que preciso é pegar a estrada e chegar a Delaware para esconder meus doze dólares do Tio Sam. Se você não sabia, o estado de Joe Biden é uma jurisdição secreta.

Agora preciso recuperar minha compostura. As batidas triunfais do desfile do funeral de Nova Orleans homenageando a alentada coragem de Adam Smith para garantir que gerações futuras não suportam a miséria e a dor parem por aqui!

"Você sabe que é alcoólatra quando perde coisas... como uma década."

- Paul Williams

Espero que, a essa altura, você tenha decifrado a etiqueta de advertência de alerta parental subliminar que inseri na introdução do livro, e esteja ciente de que o conteúdo explícito dessa passagem pretende tirar a máscara de Adam Smith e revelar o lado horrível deste célebre filósofo moral escocês e pioneiro da economia política. Os efeitos colaterais subsequentes que você provavelmente experimentará incluem uma grave diarréia verbal e, se sua visão ficar embaçada, não procure um economista ou um político. Muita tinta foi derramada no estilo de vida e aflições não convencionais de Smith, mas achei Smith competente para ser julgado por sua capacidade cerebral sobrenatural de perceber eventos no futuro através das mil páginas da A Riqueza das Nações. Em um movimento baixo, Adam Smith lançou uma sombra vergonhosa em sua dedicação acadêmica à integridade e ao progresso social. E o peso de seu erro é fortemente sentido no parkour delirante de cada ocupação.

Falando em ocupação...

Lembro-me como se fosse ontem quando minha vida virou de cabeça para baixo. Pela primeira vez em toda a minha existência, tive que arranjar um emprego. Se você alguma vez teve que lavar um carro funerário por dinheiro, então compartilhamos o mesmo frio humilhante que sinto na espinha enquanto escrevo isso. Eu aspirava e lavava carros sob o implacável sol da Flórida durante todo o dia por gorjetas e por um quarto do salário mínimo legal por hora. Um amigo teve pena da minha alma em desintegração e me contratou para trabalhar em um posto de gasolina. Lá, eu era uma estrela em ascensão por estocar os refrigeradores abaixo de zero e deixar o chão da loja impecável após a conclusão do meu turno da noite. No entanto, a escravidão não me tirou deste buraco negro onde constantemente tinha que perseguir jovens universitários bêbados e abrir o cofre com uma pistola apontada na minha testa. Por acaso, um cliente muito admirou minha consciência dos assuntos mundiais e recomendou-me para o escritório mais cobiçado da capital da Flórida.

Consegui uma posição temporária trinta centavos acima de um salário mínimo, mas tive muito orgulho de puxar clipes de papel em um turno de oito horas. Mesmo que o ambiente de trabalho fosse relativamente descontraído quando um supervisor de garotos do sul não passeava pelo salão como um tubarão todos os dias, eu esperava poder aproveitar e aproveitar as vantagens do status de funcionário do estado. Apreciava o ritual de exibir meu crachá, resultando em pessoas que dirigiam-se a mim como "Senhor". Nas lojas, eu recebia altos elogios e descontos, e a admiração que ganhei da comunidade de imigrantes africanos catapultou. Mais importante ainda, este cartão de identificação de plástico era um ímã em forma de ferradura para as mulheres em busca de um homem "direito". Eu usava descaradamente meu crachá, mesmo em festas e clubes − sem a menor vergonha!

Mesmo depois de subir na hierarquia organizacional, enquanto suportava momentos esporádicos de racismo de todos os lados, inclusive dos negros, nunca me senti merecedor do meu pagamento. Olhando para trás, eu realmente entrei em pânico quando me ofereceram uma posição mais alta dentro do departamento, o que superou meu patamar fantasioso de ganhar vinte dólares por hora. Mal sabia eu, meu terror é um sinal triunfante moderno do mecanismo de coerção fantástico e bem coordenado construído sobre a blasfêmia dos economistas clássicos. Quando se tratava de desenhar os princípios fundamentais da Nova Ordem Mundial do Capitalismo e mudar o curso do equilíbrio social da humanidade, Adam Smith marcou contra o trabalho e ajudou a desencadear as mesmas ambições dos aproveitadores que ele condenou no último parágrafo da décimo-primeiro capítulo de A Riqueza das Nações.

O salário de Adam Smith é um acordo favorável na forma de uma recompensa justa dada por um mestre aos trabalhadores. É importante ressaltar que um mestre implica em alguém que dita o resultado da interação com os trabalhadores escravizados, em geral, com uma mão forte visível. Esse sentimento ressoa com o consenso repulsivo geral no momento em que nações européias dividiam o mundo e se apropriavam de territórios distantes e habitados como bem entendiam, o que desastrosamente resultou na captura, por Leopoldo II, de um pacote africano oitenta vezes maior do que seu pequeno reino... E já sabemos o resto da história. Então, novamente, como podemos continuar a justificar o salário atual com base na mesma noção antiga de subsistência, como uma medida do valor de uma vida sobre a outra? Não é diferente do tempo de Adam Smith, hoje, que salários de trabalhadores de colarinho azul, go-go boys corporativos e escravos modernos ainda são vistos como compensação ou adiantamentos e a vontade do mestre é imposta com a mesma mão firme.

Existe uma sensação intuitiva universal e sem classes de desagrado e descontentamento do nosso momento ou estado presente, incitando nossa busca pela realização física e/ou psicológica. A prova está aí! Por exemplo, o aumento na popularidade e utilização de sites de mídia social e compartilhamento de informações e aplicativos como Facebook e Instagram, deixando a Amazon e o Alibaba na poeira. Este desejo insaciável de criticar o status atual de alguém e compará-lo a outros não é um fenômeno novo. No entanto, os sermões e modelos econômicos existentes optaram por ignorar que as empresas se tornaram realmente boas em quebrar a indiferença das crianças, dos adultos e dos mais velhos. Este sentimento que encorajou Mansa Abu Bakr a navegar para o oeste no oceano e Charles Darwin para embarcar em uma viagem de cinco anos no HMS Beagle e fazer Siddhãrtha Gautama buscar a luz e o galope de Alexandre o Grande através dos continentes é tão vago e depende enormemente da contingência que os economistas permitiram-se relegar essa armadilha ao consumismo em vez de entendê-la como comportamento de busca de informação.

Depois de longas horas olhando as planilhas no trabalho, encontrei-me com minha tripulação queimada e desencantada de amigos para beber no lugar mais quente da cidade. Um aviso de despejo me lembrou de um dos meus amigos, que foi recentemente demitido e atrasou seus pagamentos de hipoteca, e então não tinha mais sua casa; o Bank of America a tomou. Aquilo era deprimente. Deixe-me lançar uma luz sobre o hino mal entendido de um grupo. A busca emblemática por um telhado sofisticado e dinheiro para gastar com as necessidades é um desejo universal. No entanto, chegamos a acreditar que o empreendedorismo é codificado no DNA de poucos e, para o resto de nós, a única maneira de alcançar legalmente nosso próprio sonho utópico é a auto-escravização. Quanto mais rápido escalamos essa montanha, mais felizes os cobradores de impostos e dívidas, mas tanto mais longe se torna nossa ascensão ao cume do sétimo céu. Enquanto eu, bêbado, admirava o número de prêmios que recebi ao longo da minha carreira como analista, percebi de repente que não só me tornara alcoólatra, mas também viciado em trabalho. Lamentavelmente, tudo o que eu tinha para mostrar depois de dez anos perseguindo a isca como um bobo era uma parede cheia de placas coloridas!

"A ação é tudo, a glória não é nada."
- Johann Wolfgang Von Goethe

Durante minha infância no Zaire, enquanto meus amigos viajavam para o exterior em férias na Europa, meus primos e eu fomos arrastados para passar o Natal e o Ano Novo no rancho dos meus avós em Ntamugenga, uma pequena aldeia no leste da RDC (República Democrática do Congo). Lembro-me da minha primeira noite lá, onde aprendi o valor dos fósforos. Sendo um dos objectos mais utilizados na RDC rural, eu invejei durante muito tempo o inventor daquele utensílio que a minha querida avó admirava, pois presumi que o inventor e os seus descendentes enriqueceram com esta invenção. Mal sabia eu da realidade malfadada de Janos Irinyi. Como químico húngaro em 1836, ele misturou fósforo com chumbo e goma arábica, despejou a massa pastosa em um frasco, mergulhou palitos de pinheiro na mistura e os deixou secar. Ele inventou o fósforo. Infelizmente, não tinha fundos para a produção de sua invenção, então o pobre estudante se voltou para Istvan Romer, um húngaro rico, que comprou o invento e seus direitos de produção. Istvan Romer tornou-se ainda mais rico com a invenção de Irinyi, enquanto o próprio inventor morreu sem dinheiro.

Os odiosos crimes do capitalismo, com os quais nos familiarizamos muito, deixam uma longa lista de baixas crescentes em seu rastro. São homens, mulheres e crianças sem rostos, massacrados para manter o preço de uma mercadoria, contanto que ela possa continuar a ser "lucrativa". Não prestamos atenção aos muitos inventores que têm sido usados como madeira descartável para manter o trem a vapor em movimento. Ninguém é realmente culpado por Sócrates, o gênio da filosofia grega, que morreu totalmente falido porque se recusou a aceitar pagamento por ensinar a rapazes sobre Atenas. Diferente de Philo Taylor Farnsworth, um inventor americano que roubou sua moderna invenção televisiva de Vladimir Zworykin, cientista da empresa de eletrônicos RCA. Embora Farnsworth tenha ganho o processo judicial, em muitos livros de história, Zworykin ainda é registrado como o inventor da televisão. Farnsworth mais tarde recebeu royalties da RCA por suas patentes, mas o fato de você nunca ter ouvido falar sobre ele, demonstra que ele nunca ganhou o reconhecimento que merecia. Esta história é muito menos trágica do que a de Nikola Tesla, sem dúvida um dos cientistas mais brilhantes deste milênio. Ele é o cara que você deveria amar odiar por sua fatura elétrica extorsiva. No final de sua vida em 1943, seu corpo foi retirado de um quarto no New Yorker Hotel, onde viveu seus últimos anos depois de ser despejado de outro hotel por não pagar sua conta.

A questão não é que os inventores têm a propensão azarada de se deparar com indivíduos realmente desagradáveis e gananciosos, mas é a cultura capitalista construída sobre dois pilares que era, é e sempre será como mão-de-obra barata e inventores tristes. Esta armadilha de fundos de patentes e start-ups incita o notório enriquecimento ilícito de bastardos como Graham Bell, Albert Einstein, Thomas Edison e Alexander Fleming, que roubaram ideias de Antonio Meucci, Henri Poincaré, Nikola Tesla e Ernest Duchesne, respectivamente. E deixe-me lembrá-lo que os membros da tribo do norte da África usam a penicilina para tratar infecções há milhares de anos.

As fundações, uma tendência criada por Rockefeller e

Vanderbilt, tornaram-se a forma mais moderna de comportamento altruísta dos ricos "doadores". Quem ousa ridicularizar alguém que acumula riqueza imensa, depois se vira e dá metade dela? Então, novamente, é uma verdade esclarecedora de que um desejo de máximo acúmulo de riqueza é tão fútil? Você acha que é um traço de caráter egoísta ganhar tudo, então se virar, abrir as janelas do palácio e jogar tudo fora para ver os plebeus se esforçarem para pegar? Ou é a característica de algumas pessoas que sentem a necessidade de agarrar o pedaço maior do bolo, brincar de Deus e ditar qual causa precisa ser defendida e quem precisa ser salvo. Estou perplexo, então peço a todos esses bilionários descolados que respondam às minhas reflexões sobre seus motivos por trás desse comportamento.

Ataquei os aproveitadores ao longo deste livro, mas também admitirei que o esquema de Ponzi é um desdobramento do capitalismo que também ataca os ricos. Antes de Bernard Madoff, os trapaceiros financeiros tinham um jogador formidável chamado Ivar Kreuger, conhecido como o "Rei dos Fósforos", um executivo sueco que dirigia um esquema de pirâmide engenhoso no qual ele monopolizava a maioria da indústria de fósforos do mundo. Quando sua empresa foi à falência em 1932, ricos em todo o mundo perderam milhões no que era a maior falência dos Estados Unidos do seu tempo. Esse golpe econômico levou à aprovação de leis que exigem auditorias obrigatórias de todas as empresas com valores mobiliários listados. Enquanto estamos no tópico dos esquemas de Ponzi, podemos fazer uma rápida parada em 1979 e verificar o caso de Alberto Vilar, que era o chefe de uma empresa de consultoria de investimentos que cresceu a valer US$1 bilhão. Infelizmente para ele, o crash do mercado de ações de 2000 virtualmente apagou sua fortuna. Mas Vilar ainda era um generoso defensor das artes e doou centenas de milhões de dólares. Antes de sentir pena do bastardo, descobriu-se mais tarde que Vilar estava roubando dinheiro de seus clientes para financiar seus desejos filantrópicos.

Já se perguntou quantos países foram afetados pelo saque de Bernard Madoff? Vou listar estes países, começando pelos mais menos afetados, e cabe a você contá-los:

Estados Unidos, Alemanha, Itália, França, Suíça, Áustria, Espanha, Holanda, Reino Unido, Taiwan, Canadá, México, Brasil, Argentina, Chile, Uruguai, Paraguai, Venezuela, Colômbia, Peru, Equador, Bolívia, Guatemala, Panamá Costa Rica, El Salvador, Honduras, Nicarágua, Belize, Cazaquistão, Geórgia, China, Malásia, Tailândia, Cingapura, Hong Kong, Coréia do Sul, Filipinas, Indonésia, Vietnã, Camboja, Austrália, Nova Zelândia, Índia, Paquistão, Kuwait, Emirados Árabes Unidos, Catar, Bahrein, Arábia Saudita, Omã, Líbano, Turquia, África do Sul, Quênia, Egito, Zimbábue, Zâmbia, Moçambique, Angola, Nigéria, Gana, Senegal, Benin, Costa do Marfim, Libéria, Maurício Marrocos, Argélia, Madagáscar, Mónaco, Gibraltar, Andorra, Lichtenstein, Ilhas Anglo-Normandas, Ilha de Man, Chipre, Malta, Ilhas Virgens Britânicas, Bermudas, Bahamas, Curaçau e Ilhas Caimão. E pelo bem do espaço da página, adicione a esta lista, algumas nações de ilhas caribenhas menores e praticamente todos os países que são membros da União Europeia!

A antropofagia sócio-político-econômica inerente aos capitalismos tem mascado algumas das pessoas mais ricas. Por favor, pesquise Daniel Drew, um contemporâneo do século XIX do Comodoro Cornelius Vanderbilt, que morreu indigente e recebeu caridade de uma igreja que ele fundou. Além disso, Horace A.W. Tabor, que ganhou milhões de suas minas de prata, mas a revogação do Silver Purchase Act mudou sua sorte para pior; ele foi forçado a trabalhar em uma agência dos correios para fazer face às despesas pelas quais havia doado a terra. A história que mais me faz rir é a de Jefferson Davis, o mestre de uma plantação de algodão e 179 escravos antes da Guerra Civil. No término da guerra, ele estava tão falido que teve que aceitar doações de dinheiro e comida de seus ex-escravos.

Hoje, a descendência dos indivíduos ricos na pobreza é de proporções épicas. Em 2008, a crise financeira global fez com que bilionários em todo o mundo sofressem um enorme impacto. Na Islândia, o patrimônio líquido de Bjorgolfur Gudmundsson era de US$1,1 bilhão, mas mais tarde nesse mesmo ano, ele valia exatamente nada e depois foi enviado para cumprir 12 meses de prisão por fraude e peculato. Sean Quinn era a pessoa mais rica da Irlanda na mesma época que Gudmundsson, com patrimônio líquido de cerca de US$6 bilhões. Três anos depois, ele também pediu falência. Ao para a América do Sul, agregue a esta pilha o magnata brasileiro de mineração, gás e petróleo Eike Batista, cuja fortuna de mais de US$30 bilhões se evaporou entre março de 2012 e janeiro de 2014. Não chore por estes bilionários que mencionei anteriormente. Seus uniformes de prisão são uma indicação clara de como eles acumularam riquezas. As contas da ascensão e queda de suas fortunas empalidecem em comparação com pessoas inovadoras como Selfridge, que foi expulso da própria organização que criou. Para se desviar por um momento, tire um minuto e imagine que, entre aquelas histórias ultrajantes de rápido acúmulo de riqueza e subsequentes reclamações de falência, há famílias de funcionários de colarinhos brancos e azuis cujas vidas foram rasgadas em pedaços.

Lembre-se sempre, o que eu tenho que enfatizar é que o esquema implacável sócio-político-econômico não é misericordioso para os financiadores, bem como os pobres.

"Quando tantos estudiosos do mundo estão calculando, não é certo que alguns, que possam, sonhem?"

- René Thom

Há muitas razões para eu gritar e xingar enquanto durmo. Deixe-me soar o alarme, se um dia o magnata de negócios austro-americano Rupert Murdoch decidir capitalizar sobre a intransigência de economistas em todo o planeta para desenvolver um programa de televisão que capta filmes ridículos e baratos, ele cancelará o show dos Kardashians. Hoje em dia, tornou-se normal para os matemáticos pródigos flexionar seu "atletismo", o que equivale a excesso de poder mental e desperdício de perspectivas, resultando em teorias distantes da realidade atual para serem celebradas como um avanço científico e cobiçado prêmios. Economistas e ativistas que têm apontado a disparidade sócio-político-econômica e evitando o problema real, as injustiças sócio-político-econômicas, podem ganhar um Prêmio Nobel, afinal, mas suas soluções infantis para o grave desafio global têm anulado o significado dos fatos que eles costuraram juntos. A humanidade escravizada e depravada não é mais capaz de refazer os passos do capitalismo ou de renunciar a uma vida padrão desastrosa, chegando à beira da ruína. Para os druidas econômicos - onde está o senso comum do derivado de walrasiano e marshalliano na análise econômica? E para os professores, que reconhecem o absurdo de usar essa abordagem matemática para dissecar as interações de mercado e ainda ter a audácia de questionar seus alunos sobre suas aplicações, devem ser guilhotinados.

O que dizer sobre o atual sistema de recompensa de dois partidos? Eu aconselho amigos, conhecidos e inimigos a não desperdiçar um segundo no protesto impotente do pagamento do colarinho azul, como é atualmente enquadrado. A luta para aumentar o salário mínimo não faz mais do que cimentar a ideia de que os neurônios "daquelas pessoas" (o termo usado pelo meu irmão Michel), que organiza a mercadoria nas prateleiras do Walmart, ou "daquelas pessoas" que embalam e servem as iguarias fritas que se apreciam em uma lanchonete de fast food, são merecedoras apenas do mínimo de nutrientes, porque seu trabalho não pode se equiparar ao poder cerebral necessário para trabalhar no nível administrativo de um estabelecimento. O fútil debate salarial desvia a atenção da simpatia hiperbólica e dos costumes que constroem para "nutrir" os dirigentes, membros do conselho e acionistas das atuais corporações.

A explosão de milionários e bilionários na China e o fato de Luanda, a capital de Angola, ter ultrapassado Tóquio, no Japão, como a cidade mais cara do mundo, estão legitimamente acreditadas na forma dominante de comércio e ameaças. No tempo da prosperidade, o Capitalismo é o melhor sistema de acumúlo de riqueza para aproveitadores e políticos, para possibilitar que essas gangues poupem resíduos para a classe média, enquanto, por sua vez, cegam e prendem as massas. No entanto, eu realmente tenho que te dizer o que acontece quando a recompensa dos piratas começa a diminuir? É chamado de "reestruturação da empresa". A primeira vez que ouvi este termo, ingenuamente, achei que todos os postos de trabalho permaneceriam intactos, e os trabalhadores simplesmente seriam deslocados, como o termo parece se aplicar. A terrível verdade é que os trabalhadores são atirados para o mar do desemprego e para as garras dos serviços de empréstimo rápido e das lojas de penhor.

Se isso está começando a lhe parecer um ato de capitulação, então você é um péssimo leitor. Adam Smith e seus camaradas romantizaram os erros cometidos pelos proprietários de terras burgueses de considerar e explorar os seres humanos como ferramentas dispensáveis ao relegar suas habilidades a um dos insumos de produção. Pode bem ser verdade então. Essa visão ainda reina suprema sobre como nossa sociedade considera a força de trabalho. Vou perguntar ao leitor, por quem você é mais grato quando desliga os aparelhos de sua avó? Os donos do dinheiro que financiam o imponente edifício e a tecnologia inovadora? Ou profissionais médicos que esgotaram seu tempo para prolongar sua vida? Deixe-me dar a minha resposta correta: ambos igualmente. Surpreso? O tempo todo, você provavelmente deduziu que eu era um daqueles antagonistas irracionais do livre mercado. Mantenha sua decepção ou alegria por um momento, porque você pode estar certo. Por favor, relaxe e, se puder, segure suas lágrimas de frustração e solte os dedos cerrados do couro cabeludo. Você está prestes a experimentar o espetáculo parapsicológico mais emocionante de sua vida.

13

ABRACADABRA

"Se você realmente busca a verdade, é necessário que pelo menos uma vez na vida duvide, na medida do possível, de todas as coisas."
- René Descartes

No Sabbath, geralmente passo meu tempo revendo minha fita de memória semanal e classificando cada ação e momento que experimentei. Concordando ou não, o mundo não estaria à beira do colapso se todos adotassem o mesmo método com humildade. Os benefícios da auto-retrospecção, desafiando nossas ações e pensamentos anteriores estão longe de enfraquecer a tenacidade com as opiniões de um estado, mas sim quando é considerado crítico para recalibrar os argumentos de alguém. Vamos voltar ao capítulo anterior. Eu balancei um bastão de ferro no legado de Adam Smith, como se fosse uma piñata com uma suástica ou ele era a pré-encarnação do Fuhrer. Como um relativista obstinado, eu com certeza parecia totalmente um absolutista grosseiro. Ainda assim, me reservo o direito de agir como um filho da puta, sem adicionar o elemento contextual ao quadro precedente, depois de dar um ritmo a este capítulo, elevando deliciosamente o debate.

Para colocar o pensamento e o período de Adam Smith em perspectiva, o grande livro A Riqueza das Nações é um sinal de que se pretendia que fosse um exame imaculado dos relatos de seu tempo. Como professor de filosofia, ele assumiu questões de economia política, psicologia, política, moral e ética, e examinou a questão da interação entre diferentes artes e ciências. Então, novamente, Smith viveu na época em que o mundo estava entupido de evidências baseadas na ignorância factual e na Inglaterra, onde uma pequena classe de brancos sentia-se infinitamente superior a outros brancos, para não dizer outras raças. No entanto, sem penetrar mais fundo no centro magmático da mistura de Smith, esses fatores não elucidam completamente a classificação salarial de Smith que mascara a emasculação e a desumanização da classe trabalhadora, o mesmo faux-pas dos ideólogos cegos.

Agora sou capaz de me olhar no espelho e não sentir vergonha. No entanto, não deve ser o caso de um grupo que eu não respeito: marxistas e marxisianos, que enfaticamente se recusam a admitir que o seu maravilhoso criador contribuiu muito para a libertinagem da análise sócio-político-econômica chamando o salário de um dado aos sem terra. Então, novamente, essa visão reflete a era de Marx e Smith ou uma representação próxima da realidade na época. O mesmo é dito sobre o tempo de Michal Kalecki, cujo modelo é uma mistura de dois inimigos ferozes, Marx e Keynes. Seu argumento central é que os especuladores são responsáveis pela massa, enquanto a classe trabalhadora é descrita como compradores impulsivos. E deixe-me assegurá-lo, ao avançar na exploração da teoria do trabalho de Karl Marx ou o modelo kaleckiano só aumentaria sua confusão e raiva. Também estou perplexo com os economistas pós-Keynes, que ainda estão construindo sua linha de ataque e modelos em uma falsa premissa baseada na ridicularização da classe trabalhadora. Percebo por que Nassau Senior, Adam Smith, Karl Marx e Michał Kalecki, para citar alguns dos intelectuais imbecis, formularam estes conceitos de modelos ofensivos que perpetuaram a antropofagia sócio-político-econômica. Mesmo que sejam o produto de uma determinada época, nossa geração ainda precisa responsabilizá-los pelo que fizeram com nossas almas, inclinando a dinâmica do poder para o lado dos aproveitadores, um conceito que ainda prevalece sobre a reticência de estudiosos econômicos.

Charles Goodyear, inventor da borracha vulcanizada, e Gridley Bryant, que inventou o transporte ferroviário, morreram em condições precárias. É errado pensar que a maioria destes inventores não tinha o conhecimento necessário para negociar corretamente. Tenho lampejos horripilantes com a normalidade social, e minha consciência é o pilar do meu cinismo. Se parece um pato, nada como um pato e grita como um pato, ainda pode não ser um pato, mas uma armadilha inteligente. Você não teve a sensação de que eu duvido de quase tudo? Mas se há uma coisa da qual tenho certeza, é a capacidade da minha geração de consertar essa bagunça sócio-político-econômica.

Em todo o mundo, os noticiários da televisão enchem-se de imagens assombradas de crianças famintas no Níger, a raiva fervilhante da Ku Klux Klan dirigida a imigrantes, gangues impiedosas de El Salvador, insurgências de Mianmar e por aí vai. Mesmo que tais danos sociais petrificantes resultem do mecanismo desigual e capitalista inerente de acúmulo de riqueza, eu estava tão doente quanto você deveria estar porque ainda não existe um remédio. Para encontrar um remédio, tive que viajar de volta no tempo para pegar as duas chaves do meu ultraje e a necessidade de uma nova mentalidade global.

"Você nunca muda as coisas lutando contra a realidade. Para mudar alguma coisa, construa um novo modelo que torne obsoleto o modelo existente."

\- R. Buckminster Fuller

Passei cinco anos em um internato católico jesuíta, onde todos nós devíamos fazer um curso anual de estudo bíblico. Ninguém mencionou a história de Lilith, a primeira mulher que foi criada por Deus ao mesmo tempo e da mesma terra que Adão. Ela foi expulsa do Jardim do Éden por se recusar a deitar sob Adão durante a relação sexual. Então veio Eva, que foi criada a partir de uma das costelas de Adão. Ela sucumbiu à tentação da serpente e comeu o fruto proibido da árvore do conhecimento do bem e do mal para melhorar o modo como Deus a criou, e tornou-se conhecida ao compartilhar o fruto com Adão. Deus expulsou furiosamente os seres dissidentes do Jardim do Éden, e seus descendentes herdaram sua maldição pelas gerações vindouras. Pode-se encontrar histórias míticas semelhantes sobre a origem da espécie humana em toda civilização; as mesmas figuras mencionadas são encontradas no livro de Gênesis, na Bíblia hebraica e na tradição islâmica. É isso que está acontecendo no comércio e no comércio? Se o feudalismo é Lilith, então o Capitalismo é Eva. O pilar do Capitalismo (os Estados Unidos) foi enganado por monetaristas a morder dinheiro fiduciário (o fruto proibido), que abriu as portas do inferno (o acúmulo de dívidas superando o valor da nação), e o resto do mundo logo seguiu. Este é o fim da nossa existência?

Há um fascínio pelo sigilo por trás da Maçonaria, baseado em seus rituais "supostamente" assustadores. Como diz a lenda de um de seus rituais, o Terceiro Grau, o candidato retratou Hiram Abiff na cerimônia. Hiram Abiff era famoso como Grão-Mestre na construção do templo de Salomão, que detinha os segredos do Mestre Maçom e recebia salários muito mais altos que outros trabalhadores. Três pedreiros descontentes (Jubelas, Jubelo e Jubelum) abordaram Hiram e exigiram os segredos do Mestre Maçom. "Sua vida, ou os segredos", ameaçaram eles. Hiram respondeu: "Minha vida você pode ter, minha integridade - nunca". Ao falharem em extrair os segredos de Hiram Abiff, eles o mataram. Hiram voluntariamente dedicou sua vida ao invés de trair a confiança do Mestre Maçom. Quando os criminosos foram capturados e sentenciados à morte, o desejo de Jubela era que sua garganta fosse cortada e sua língua arrancada; Jubelo queria que o lado esquerdo de seu peito fosse aberto e seu coração fosse dado aos abutres, enquanto Jubelum pediu que seu corpo fosse cortado e suas entranhas queimadas, e as cinzas espalhadas entre os quatro ventos do céu. O rei Salomão atendeu devidamente. Desde então, essas declarações foram lembradas pelos maçons nas penalidades prescritas para o rompimento de seus juramentos. Essa cena dramática é o primeiro passo para destacar que o capitalismo foi construído sobre pessoas que fazem parte do sistema de corporações, no qual um número limitado de indivíduos possui os meios de "produção". Havia um pequeno número de aprendizes rigidamente controlados, e os demais eram mão de obra iletrada, principalmente. E nesse ciclo viciosamente impenetrável, até os aprendizes tinham que concordar em trabalhar por longos períodos com baixos salários, porque os empregadores entendiam que o comércio de habilidades é um meio de "produção" e também uma ameaça ao seu controle sobre o trabalho.

Fico triste porque a classificação vulgar do salário de Adam Smith e as travessuras de Nassau Senior ainda mantêm uma firme influência sobre a inovação moderna e o progresso social. O precursor do capitalismo foi uma estrutura na qual as famílias trocavam seus próprios excessos agrícolas por outras mercadorias. Como chegamos ao ciclo de auto-escravização que conhecemos hoje? Bem, a resposta tem a ver com a origem do salário e como foi visto. Esta missão deve transportar a sua imaginação para a Idade Média, quando a Flandres era um centro de têxteis. À medida que a Flandres foi espremida pelos preços crescentes da lã na Palestina, eles se voltaram para seus vizinhos ingleses. Adivinha? Os senhores feudais ingleses viam na Flandres um apetite por lã como uma oportunidade de acumular imensa riqueza. Esta ganância chutou as avalanches de apropriação de terras camponesas, convertendo aldeias despovoadas inteiras em manejos de ovelhas. Nem pense que o efeito duradouro na humanidade da desapropriação dos camponeses dos meios para cultivar sua própria comida foi a dissolução da pobre rede de segurança socioeconômica inglesa. Em vez disso, por favor, destaque com um marcador vermelho que esse impetuoso estrangulamento do campesinato inglês reunia uma classe de pessoas à mercê dos pecadores, que, naquela época, possuíam os meios de "produção" enquanto essa florescente "classe trabalhadora" tinha que sobreviver trabalhando por salários. E esta é a segunda marca de assinatura do Capitalismo.

O que sai dessa mistura? Adam Smith estava diabolicamente correto em sua percepção de salário quando a loucura de Hitler floresceu da devastação sócio-político-econômica imposta pela Alemanha depois da Primeira Guerra Mundial. Vale notar que, contrariamente à ingênua previsão de Adam Smith, os donos de dinheiro em conluios com os proprietários de terra reduziram constantemente o salário dispensado à classe trabalhadora, tornando impossível aos pobres voltar à agricultura camponesa ou tornar-se independentes.

O que mudou desde então? Nada. No entanto, em todo o mundo, a ganância dos especuladores (donos do dinheiro e latifundiários) ultrapassou o mundo acadêmico e, em busca de mais riqueza, abriram acidentalmente à classe trabalhadora acesso ao ensino superior e à formação profissional. Por exemplo, um aspirante a médico tem que pagar por treinamento médico, e passa por anos de humilhação, programas de residência e exames para se qualificar como um médico de família, uma habilidade antes reservada para os poucos pedigrees "certos". O mesmo vale para anestesistas. Além disso, a concorrência os forçou a desenvolver um sistema pluralista acadêmico, vários departamentos e certificados que eram inimagináveis décadas atrás. Esta revolução por si só acabou com os tabus e foi uma mudança fundamental no jogo. Eu, por exemplo, estive em ambos os lados do processo de contratação chamado de entrevista. Posso atestar que não é segredo que trabalho e responsabilidade em potencial podem ser obtidos com uma grande quantidade de diplomas, treinamento e experiência, porque as empresas estão fazendo suas contratações com base em critérios definidos de qualificação e experiência.

Voltando ao meu exemplo desligar os aparelhos da sua avó, eu o aconselharia a enviar um grande cartão de agradecimento aos que estão nos bastidores: a infraestrutura, os médicos e os zeladores do centro médico. Cada parte desempenhou um papel crítico ao enganá-lo durante o truque de mágica. Se você ainda não consegue captar o sinal entre a variedade de sons de clarinete com infusão de baixo, declaro que nem os donos do dinheiro, nem os proprietários de terras, nem os trabalhadores nem os fornecedores são compradores de mercado - os compradores são! Para esta afirmação, há sempre mais de uma pessoa na sala, que aponta amargamente o entrelaçamento da premissa "somos todos, na verdade, compradores", e então correm para o tedioso e divertido debate sobre impostos, regulamentos e guerra de classes. Você me daria um soco no rosto se dissesse que não dou a mínima se as empresas fornecem benefícios de saúde aos funcionários? Não ligo mesmo. Não apenas evito chamar o debate centrado no aumento do salário mínimo de absurdo, mas também insisto em fazer com que a família, os amigos e os inimigos não desperdicem um segundo sobre esse assunto. É um dos vários estratagemas engajados pelos capitalistas autoconservadores para pacificar revoltas sociais. E não há necessidade de ouvir explicações matemáticas para separar os donos de terras, os proprietários de terras e os trabalhadores do pote do consumidor, porque não são a raiz do nosso atual câncer sócio-político-econômico.

Digamos que um cavalheiro o contrate para cuidar de

suas duas vacas por um galão de leite por semana. Após dez anos, o número de seus bovinos se multiplicou por dez. Usando os touros em excesso, o aumento da produção de leite e os subsídios do produtor de laticínios, ele comprou um trator para expandir as atividades em sua fazenda. Até então, você contratou ajuda, se casou, teve filhos e agora tem cinco pessoas para sustentar com o mesmo salário. Se essa distribuição desproporcional do excedente for replicada em toda a comunidade, um pequeno grupo passivo estaria acumulando o queijo (literalmente), enquanto o restante estaria ativamente impulsionando o vazio desalentador. Este desequilíbrio não é razoável para os que estão na base e é sustentável para os que estão no topo, por causa das inevitáveis explosões de insatisfação de classe, como aquela experiência na Líbia sob o comando de Muammar Gaddafi, que desde então se transformou em um pesadelo inimaginável. Esqueça o esquema de adicionar, de vez em quando, um ml de leite ao aumento no salário ou os benefícios de saúde que consertariam os trabalhadores para mantê-los na tarefa e que prendessem a conta a toda a comunidade. "Então, qual é a solução?" Aposto que é isso que você está gritando. Minha resposta é repensar a maneira pela qual deliberamos o sistema de recompensas das classes com respeito à dualidade natural entre donos de terras, proprietários de terras e trabalhadores.

Faça uma pausa de trinta segundos, e quando finalmente pensar sobre a diferença contextual e factual entre as propriedades malignas do Capitalismo e a realidade do século XXI, até mesmo sua arrogância não deve impedi-lo de concordar com o fato indiscutível que agora compramos e possuimos nossos meios individuais para nos ligar, participar ou nos envolver em uma empresa. O que quero dizer? Não importa se você está queimando seus pulmões em uma mina de carvão turca ou conseguindo um emprego como representante de atendimento ao cliente na Índia ou um cobrador de impostos corrupto em Honduras, você decidiu vincular um meio de ligação, participação ou envolvimento que adquiriu/pagou por um projeto. Portanto, os riscos e as consequências do fracasso em tal empreendimento são justamente compartilhados em todo o espectro. É mais aparente quando uma empresa fecha, os que ganham dinheiro não são os únicos a receber um golpe; os funcionários que assumiram o risco de trabalhar para esse negócio em vez de outro são jogados de volta à fila do desemprego.

Você já deve concordar que agora nós, mais do que em qualquer período da existência humana, possuímos nossos meios de ligação, participação ou envolvimento, e os riscos são compartilhados por donos do dinheiro, proprietários de terras e trabalhadores. Portanto, a recompensa de cada parte deve ser baseada em uma porcentagem da aumento, a qual eu chamarei de agora em excedente. Gostaria de receber imenso crédito por essa visão, mas a ideia de perceber uma taxa fixa não é uma novidade. A abordagem não deve ser estranha para você também; é quase uma comissão da indústria de vendas. Confira os impostos do governo - as taxas estão em porcentagens. O que eu digo é que, se é bom para alguns setores e governos, deve ser bom para todos nós.

Você está pensando que estou louco ao adicionar uma flutuação, que poderia ser percebida como uma dor de cabeça extra num restaurante de fast food por descobrir o salário de seus funcionários? Mas é aí que entram as maravilhas da vontade humana de inventar e empurrar os limites tecnológicos para além da imaginação dos simples mortais. Se você correr para o seu quintal agora, poderia pegar Joseph Alois Schumpeter cavalgando nu em um cavalo branco. Não seria difícil de entender se alguém pudesse produzir uma máquina que guiasse diretamente um míssil para uma tenda de insurgentes no meio do nada (que geralmente a erra, mas mata suas esposas e filhos inocentes), por que não calcularia precisamente o salário quinzenal de um empregado do McDonalds? Então, novamente, o aborrecimento de curto prazo que pode ser sentido em fazer a coisa certa redefinirá e revitalizará muitas indústrias, incluindo contabilistas. E mais do que tudo, é um remédio para a depreciada desigualdade global que ecoa as injustiças sócio-político-econômicas.

Essa revolução mental reformula o debate sobre a distribuição de riqueza e o acúmulo. Mais importante ainda, a flutuação da recompensa do trabalho e a falta de elasticidade de preços, que esperamos, distorcem as tensões de classe. Essa mudança é uma hecatombe fictícia para os donos do dinheiro, porque mais dinheiro espalhado incitaria "o querer", investimento e crescimento, mas é um verdadeiro pesadelo para os economistas preguiçosos, porque elimina todas as teorias antiquadas (por exemplo: compensação de mercado) que existem até hoje.

"Dar um novo passo, proferindo uma nova palavra, é o que as pessoas mais temem."

- Fyodor Dostoyevsky

Eu e minha esposa recentemente fomos apresentados a um cara muito engraçado que tem câncer de pâncreas. Que hora de entrar na vida de alguém, pensei. Enquanto eu observava com um olhar cético, familiares e amigos ao redor dele, parecia que as pessoas estavam, egoisticamente, lembrando a ele que sua vida estava terminando. Ironicamente, uma ou duas pessoas que ele conhecia, que pensavam estar em melhor forma do que ele, foram-se embora antes dele. Agora, antes que você pense que sou a pior pessoa que já escreveu um livro, tenho motivos para ficar chocado com a máscara mórbida. Tara perdeu a mãe para o câncer de mama. Eu tive que assistir o sorriso sinuoso de meu pai desaparecer e se transformar no homem mais carinhoso do Universo. Ele voltou ao seu antigo eu quando venceu o câncer. Estou acostumado com o grupo não esclarecido, cantando em voz alta que há lições aprendidas ao testemunhar um amigo ou um membro da família que enfrenta a morte, e que cada momento da vida conta. Você tem que ser um babaca para não saber que a vida é uma experiência e não uma arte. Para ser justo, fui um desses idiotas até pouco tempo. E você provavelmente ainda é! Sei que fiz mais do que deveria quando não tinha medo de falhar ou viver. Agora que o sinal está mais claro, já percorri toda a minha lista de desejos, mas estou preso neste desafio final e preciso de você.

Vejo o capitalismo como a dama numa busca para parecer eternamente jovem e atraente aos olhos de seus inúmeros namorados esquizofrênicos. Apesar das incontáveis cirurgias plásticas nos peitos, uso excessivo de cama de bronzeamento artificial e injeções caras de Botox, em vez de uma aparência jovem, ela parece monstruosamente assustadora. Para sua sorte, nenhum de seus namorados pode notar suas pernas gravemente queimadas pelo sol, porque elas estão cobertas. Quem for capitalista fanático, pode relaxar! Uma nova forma econômica não torna auto-

maticamente obsoleto o seu sistema antigo, mas oferece
uma alternativa (wink wink). Vamos parar com as boba-
gens, não podemos teimosamente usar a balsa cataclismi-
camente inclinada do capitalismo para sempre.

Em um mundo onde o retorno decrescente é usado em
vez do colapso, você pode entender bem como o consumo
marginal de serviços públicos é distorcido. Por que não nos
sentimos confortáveis quando recebemos uma maçã a mais
ou quando um dólar adicional é retirado nada tem a ver
com a felicidade, mas sim com a perecibilidade dessas duas
mercadorias. Se você tem um estômago como o meu, fica
satisfeito com uma maçã. Quanto mais maçãs você recebe,
se depara com a culpa de excesso ou desperdício. A origem
do acumúlo de riqueza é ganância; alguém com dez
dólares no bolso sabe que tem gente que tem menos que
isso, por sua vez, é mais fácil dar um dólar. Em comparação com um bilionário, para quem perder um dólar irá
afastá-lo da alta classe de status de bilionário. O que estou
gritando aqui? Utilidade marginal é igual ao custo moral,
que é culpa ou privação.

Por que não temos um sistema alternativo real para o
Capitalismo? Bem, muitos pacientes com câncer desco-
nhecem outros tratamentos além da trindade convencional
de cirurgia dolorosa, radio e quimioterapia. E hoje, uma
ignorância paralela existe no comércio. Já usei os termos
negócios, empreendedor, empresa, Produto Interno Bruto,
indústria de produção, indústria de serviços, monopólio e
outras formas capitalistas, que são facetas do corporativismo para poupar o leitor de qualquer dor de cabeça e
evitar que se perca no labirinto da minha mente. Usei estas
terminologias por serem tão incorporadas à cultura global.
A palavra "comércio" é tão risível quanto a troca, porque
nenhum povo ou nação comercializa mais. Agora produ-

zimos mais com menos do que transformamos, vendemos e compramos mais com mais todos os dias. E quando você pensa nos bilhões de dólares gastos em todo o mundo em esquemas de marketing, pesquisa e desenvolvimento de produtos, contesta-se a noção de que o objetivo de uma empresa é apenas maximizar o lucro para seus acionistas. Em vez disso, cimenta a ideia de que o objetivo principal é quebrar a indiferença dos potenciais compradores.

Ok, leitores, os principais desafios que a primeira, segunda e terceira nações do mundo não são nada menos do que recompensas escassas dos trabalhadores de colarinho azul e branco e distribuição de riqueza em sua totalidade. Eu sei, você provavelmente está chateado por eu ter mexido com suas ideias um pouco no capítulo Segure o meu dedo por deixá-lo acreditar que concordei com o diagnóstico geral das nações em desenvolvimento e por prescrever um placebo para o desenvolvimento. Sinto muito. Você sinceramente teria continuado a ler este livro se eu lhe dissesse o remédio certo para todas as nações é o desafio chinês? Acho que não. A solução real é entender a nova tendência global e entender o Etosismo. Este paradigma transcende as fronteiras tradicionais. Inquestionavelmente, aprender mais é vital para progredir e tornar mais do que precisamos e queremos com menos pessoas e bagunça ambiental, mas só poderá avançar na expansão das aspirações de um cidadão. Um forte compromisso com a educação, por si só, não pode ajudar as nações pobres a alcançar as economias mais inovadoras do mundo atual. Hoje, seus poucos intelectuais de qualquer calibre significativo são essencialmente sumos sacerdotes, a serviço dos faraós paranóicos. Qual é a chave para os países empobrecidos terem a oportunidade de saltar com o resto do mundo em desenvolvimento, o que, por sua vez, é benéfico para as nações desenvolvidas? Não é a democracia. Para os inicintes, é a inclusão (a liberdade política é uma pequena parte dela) que abre uma nação ao contágio inovador da cultura empresarial. Só então essas nações vacilantes poderiam promover adequadamente pequenas e médias empresas altamente especializadas.

Você e eu passamos pelo bem e pelo mal, e estou realmente surpreso por você ter se aguentado por tanto tempo. Bravo! Mas vamos levar este relacionamento abstrato para o próximo nível de confiança. No início desta nova jornada, vou acabar com o sarcasmo e empurrar os termos do corporativismo sobre o abismo de nossas memórias. Em todo o mundo, os jovens e os idosos têm um senso geral de que um alto grau de aprendizado caro não significa mais nada. Esse sentido é falso. É amplamente ignorado que o Capitalismo não foi construído para um grande número de indivíduos que possuem meios de engajamento, participação ou envolvimento, que é a realidade global do século XXI.

A supremacia do capitalismo deve-se ao fato de que era uma realidade que espelhava as normas sociopolíticas e o dinamismo centrado no capital, decorrentes do feudalismo. Como já expliquei, foi percebido por Adam Smith e bem registrado por Karl Marx (a propósito, Karl Marx foi a segunda pessoa que cunhou o termo Capitalismo). Enquanto o Socialismo e o Comunismo eram movimentos espirituosos de insurgência sócio-político-econômica, eles estavam fadados a fracassar desastrosamente, porque ambos eram modelos manufaturados centrados no ser humano, impostos a sociedades capitalistas profundamente enraizadas. No século XVIII, o capitalismo afugentou o feudalismo e, desde então, engolfou sem esforço a maior parte do mundo. Novas normas sociais e realidade humana centralizada estão surgindo, mas ainda temos que encontrar um consenso e perceber que o século XXI está encabeçando um impulso global mais forte, o Etosismo que está fluentemente chutando o Capitalismo e nos libertando.

Uma história precursora é quando a IBM ficou presa com seus óculos de negócios, mas não conseguiu enxergar uma oportunidade de ouro e depois o haraquiri - a Apple e a Microsoft pularam na sela do modelo empresarial e previram a empresa que gerou jovens milionários geeks. E agora os adolescentes chineses fazem imitações baratas de Nokias nos vastos bazares de componentes de Shenzhen e colocando gigantes fabricantes de telefones celulares em um modo de pânico. A tendência global colocou alguém em Moçambique com a coragem de escrever um romance a um clique de distância para conquistar o mundo dos livros eletrônicos. Foi anunciado que em breve haverá um kit disponível para imprimir uma arma ou uma sequência de DNA no conforto da sua própria casa. Que tal encomendar o logotipo da sua empresa de um artista freelancer no Paquistão no Fiverr.com e obtê-lo no dia seguinte por uma fração do que custaria se esperar que os desprezados da Vignellis parassem de discutir entre si? Você assistiu ao vídeo de Saith Shahid Nazir (One Pound Fish Man)? Consegue dançar como as crianças do gueto? Em Uganda, um professor de matemática colocou um vídeo no YouTube de crianças dançando em uma rua, transformando-as em uma sensação instantânea nacional e internacional, tornando o futuro dessas crianças e suas famílias um pouco menos sombrio. Já reservou um quarto usando o Airbnb ou fez um passeio usando os serviços do Uber? Já usou Couchsurfing.org na América Latina? Você possui uma conta de bitcoin? Comprou alguma coisa no Alibaba.com? Comprou este livro online? Se a sua resposta for não a todas essas perguntas, você ainda deve estar dançando com as batidas do ABBA ou rebolando com pouca roupa em uma remota tribo amazônica. Para o resto de vocês, todos têm um senso de empresas unindo os meios de participação ou engajamento dos indivíduos para quebrar a indiferença dos clientes em relação a seus produtos ou serviços.

Gosto que o corporativismo de hoje seja cada vez mais uma miragem, a velha maneira de manobrar em torno de trilhas de comércio que concede poder total aos aproveitadores para menosprezar os outros jogadores. O número de grupos privados prontos para enviar um satélite e turistas ao espaço, superando todos os programas espaciais de nações avançadas, é uma indicação clara de que a estrutura organizacional relevante para o século XXI, que está perseguindo os dinossauros do capitalismo, é empreitada. Empreender é o termo chave que vou usar para liderar o restante deste livro. Como estamos compartilhando o mesmo planeta agora, deveríamos ter uma crença comum de que os mamutes do comércio que estão centrados nos modelos de corporativismo estão morrendo e sendo ultrapassados pelas empresas. Sente-se uma alegria depois de experimentar essa interação aberta emocionante. Deveria estar claro para você agora que nessa forma de economia sócio-política do Etosismo, atualmente normalizar como os agentes de mercado se misturam, e as relíquias do livre mercado do capitalismo são totalmente tóxicas. Se você não encontrou, usei o termo interação em vez de mercado; este último há muito deixou de ser relevante.

Mais uma vez, aproveito o tempo para gritar alto e claro para a sua consciência que todos os agentes de uma empresa têm um risco muito grande de amarrar os meios de engajamento, participação ou envolvimento de seus indivíduos. E há muitos sinais de que os jovens conceptores, condutores e curadores etosistas estão se ajustando a essa realidade aparentemente caótica. O fato de que agora as ações de um comércio são essencialmente uma colagem de meios individuais e a existência da sacrossanta dualidade natural entre trabalhadores, proprietários de terras e donos de dinheiro, uma recompensa nominal ponderada de qualquer parte não faz qualquer sentido. É certo que para cada agente de uma empresa, a recompensa é uma porcentagem negociada do excedente (margem). De etosistas do Vale do Silício ao Malawi rural, os sucessos são fundamentalmente baseados na participação ou no envolvimento de agentes na forma de trabalho, conceito ou massa. Os conceptores e maestros do empreendimento do século XXI evitam engenhosamente a armadilha de fundos de patentes e start-ups que fez um gênio como Walter Shaw morrer sem dinheiro por autoconfiança ou confiança em grupo.

Na dissecação da nova forma de transformar, vender e comprar produtos e serviços, as empresas do Etosismo devem ser lideradas por receita, lucro e salário, o que é distinto dos componentes da indústria do capitalismo, restrito à produção e ao serviço. Você deve estar perguntando, do que diabos estou falando! Deixe-me guiá-lo devagar através deste novo mundo caótico e corajoso.

As empresas lideradas por receita consistem em fazer um objeto, em sua forma mais simplista; estas são atividades que levam a uma saída. E isto é se a saída é uma cadeira ou um software de computador. Um excedente, a receita, é derivado de um preço justo ou custo de extração e/ou modificação de um ou mais materiais com o engajamento ativo de trabalhadores com engajamento passivo ou ativo de donos e envolvimento passivo ou ativo de proprietários de terra para trazer passivos ou ideias de conceptores ativos para a vida.

As empresas com fins lucrativos orbitam em torno da produção e são divididas em vendas, na venda de um objeto ou serviço, manutenção ou entrega de um objeto ou serviço. Um excedente, o lucro, é derivado de um preço de mercado flutuante (saltando do preço justo até o preço natural) de leiloar um ou mais produtos sem alterar a substância com a participação ativa dos trabalhadores, com a participação passiva ou ativa dos donos e participação passiva ou ativa dos proprietários de terra para dar vida às ideias de condutores passivos ou ativos. Quando digo que essas atividades não alteram totalmente a substância da saída, vejo o exemplo do prato de comida de um restaurante. As costelinhas não são legalmente mortas na cozinha, nem retiradas do quintal do restaurante - há uma divisão.

A última pepita do Etosismo é que as empresas assalariadas ou sem fins lucrativos são serviços públicos e instituições de caridade. Essas empresas geram um excedente, contribuições (por exemplo, impostos) ou doações (por exemplo, caridade), diretamente do envolvimento ativo de trabalhadores e participação passiva ou ativa de curadores para dar vida a uma ou mais iniciativas de sociedades ativas ou passivas.

Qual é a diferença entre um conceptor, um maestro e um curador? As ideias de um conceptor são protegidas por uma patente, enquanto as ideias de um condutor são registadas. Um curador é um guardião do bem-estar do público. A julgar pelo pragmatismo do governo ocidental e pela promoção agressiva de seus países de origem, os governos não estão se tornando grandes demais para fracassar nas empresas cidadãs?

Para resumir esta passagem:

A empresa de receita gera excedente pelo engajamento das partes, portanto, a recompensa de todas as partes envolvidas deve ser em porcentagem da receita.

O lucro da empresa gera superávit pela participação das partes, portanto, a recompensa de todas as partes participantes deve ser em porcentagem do lucro.

As empresas sem fins lucrativos geram um superávit pelo envolvimento dos meios das partes, mas todas as recompensas envolvidas devem ser um salário fixo, porque o objetivo no setor público não é gerar um excedente para qualquer parte envolvida neste empreendimento, mas em vez disso, para os programas gerais de bem-estar públicos, como a construção de estradas, a manutenção de uma força militar permanente ou a assistência aos menos afortunados.

Ainda assim, esta nova ordem global precisa de mais alguns ingredientes para ser tratada como uma alternativa ao capitalismo e adotada pelas instituições (por favor, adotem). Não há dúvida de que, para se tornar a resposta à insatisfação sócio-político-econômica, ela precisa acabar completamente com o jogo do enorme gato e o dos ratos minúsculos entre retorno percentual lucrativo sobre o investimento e salários nominais baixos. Isso requer que uma linha de demarcação seja desenhada entre os setores. As empresas devem ser restritas a (1) baseadas em receita, (2) baseadas em lucro ou (3) baseadas em não-lucro.

Você já percebeu que eu não escrevi muito sobre a Internet? Bem, seu papel na revolução global é exagerado. De maneira nenhuma estou tentando diminuir o fator da internet, mas essa inovação de comunicação não é a alma da nova era econômica e das interações, mas trouxe a transparência que cimentou a presença do Etosismo.

"A cobra que não troca de pele tem que morrer. Também as mentes impedidas de mudar suas opiniões deixam de ser mentes."
- Friedrich Nietzsche

Tracei minha obsessão infantil com a alquimia, como se dizia na Idade Média, como a chave para transformar uma pedra comum em ouro. Meu objetivo de empilhar esse metal brilhante não era pelo seu exterior brilhante, mas para comprar um novo planeta para as crianças pobres e abusadas. Tive a mesma esperança quando escolhi a economia, mas, como a alquimia, tornou-se uma mistura de magia branca e teorias sem substância, cheias de superstição. Existem linhas paralelas que podem ser facilmente traçadas entre a alquimia e a economia. Os esforços dos alquimistas foram em grande parte mal direcionados pelos filósofos gregos clássicos que argumentavam que todas as substâncias eram constituídas de quatro elementos básicos: ar, terra, fogo e água. Os economistas argumentam que todos os mercados são compostos de quatro elementos básicos: preço, quantidade, demanda e oferta.

Foi preciso um químico cético como Antoine-Laurent Lavoisier, cuja teoria da combustão detectou oxigênio, afirmando que as reações químicas que acontecem durante a respiração em animais é o mesmo que a combustão. De fato, ele enterrou de uma vez por todas a alquimia e sua caça inútil. Eu não recebo o mesmo sinal de salvação quando visito os departamentos de economia de faculdades e universidades em ambos os hemisférios. Encontro humanóides decadentes delirantes irritados que enchem as cabeças de crianças (papagaios tolos) com lixo puro. A incoerência em todo o regime educacional econômico coloca em questão todo o arcabouço das teorias e remédios sociopolíticos que nascem deles e dominam a vida cotidiana. A queda e o estrondo desmistificam a ideologia da adivinhação da academia econômica.

O banco da faculdade de economia não é apenas preenchido com velhos brancos de poucos dentes ou índios com falas engraçados. Nessas madrassas, encontrei anões siameses intelectuais, chineses, negras americanas, predadores sexuais africanos, cuspindo sermões do mesmo Alcorão satânico. Onde os alquimistas falharam, os economistas conseguiram até agora, em parte, conceber um elixir que os faria viver para sempre. Muito depois da retratação de Hicks do método de equilíbrio geral temporário, a incerteza tornou-se improvável, mas o equilíbrio geral e o marginalismo ainda reinam supremos sobre a economia.

"Dê-me a liberdade ou a morte!"
Patrick Henry

Critiquei duramente o novo rat pack de economistas ungidos, devido à sua incapacidade de abordar adequadamente a desigualdade global, restringindo a discussão por questões distributivas no contexto dos grupos de interesse dos detentores de fundos. No entanto, essas planilhas lindamente pintadas dos acadêmicos assim chamados apenas provam que o capitalismo está fazendo exatamente o que deveria: criar excedente e confinar imensa riqueza nas mãos de uma pequena classe de aproveitadores implacáveis. No entanto, não se deixe enganar por seus contos e justificativas de desigualdade sócio-político-econômica, que têm pressupostos fundamentalmente errôneos, ou por suas lágrimas de crocodilo.

É difícil obter virtudes escolásticas em um campo onde a justificativa do manufaturamento do lixo é custo-eficiência, o erro da empresa é retratado como um retorno decrescente e os defensores das árvores (ecologistas e ambientalistas) oram dias e noites sobre sustentabilidade enquanto fecham os olhos sobre a posse e tiranos sanguinários. A maneira ditatorial pela qual a economia é ensinada nas instituições ortodoxas não é, em comparação, pior do que a doutrinação e a humilhação nos poucos programas heterodoxos sobreviventes. Para alguém que foi amarrado ao mastro por ambos os lados, posso testemunhar que você perdeu a vontade de se rebelar contra o status quo. Esses mestres da manipulação em massa obscurecem falácias lógicas e inconsistências para entrincheirar os apoiadores cegos e os puxa-sacos nos dois campos e observá-los enfrentá-los até a morte. Não é suficiente banir essas lutas de gaiolas de gladiadores sem sentido, ou esses autoproclamados Césares - estamos em extrema necessidade de uma nova disciplina.

A economia é atormentada por uma cacofonia estúpida. E se abandonarmos a ideia de repensar a economia e nos livrarmos dela? Nós temos poder suficiente para criar essa mudança. Juntos, vamos fazer uma coisa boa para a humanidade e começar de novo com um estudo de paradigma quântico da maneira como produzimos, transformamos, vendemos, e mais importante, vemos e compartilhamos o excedente (apague a palavra comércio em sua mente), antes de você e eu sejamos deixados, longe, à deriva!

NAS ALTURAS

Se eu lhe perguntar qual é a diferença entre a Representação Gráfica das Leis de Oferta e Demanda em A e B?

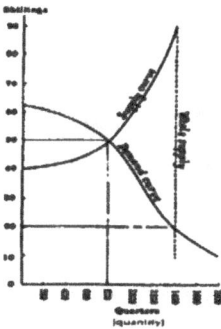

A

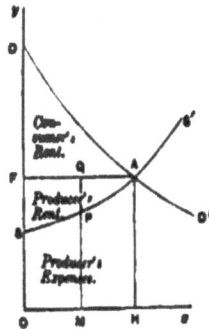

B

Bem, como pode ver, não muito. Depois de passar Antoine-Augustin Cournot, Karl Rau e Hans von Mangoldt, infelizmente Marshall e seus cadetes ainda têm a audácia de negar o mérito de Fleeming Jenkin, que empregou o diagrama cruzado impresso em 1870 antes de Marshall publicá-lo em sua Teoria Pura, Valores Domésticos (1879) e posteriormente em Princípios de Economia (1890). Mais chocante é o número de conceitos (por exemplo, elasticidade-preço da demanda e oferta, análises estáticas comparativas envolvendo mudanças nas curvas, custos crescentes e decrescentes, análise da incidência tributária, triângulos de perdas de bem-estar de porte bruto e a ineficiência alocativa de monopólio) atribuídas a Marshall ou seus maiores imitadores. Nós não vamos perder tempo com essa controvérsia porque os gráficos clássicos representavam corretamente a simplicidade do Capitalismo ao longo do tempo.

No entanto, essas noções envolveram gerações de filhos de Marshall com a obsessão da limpeza do mercado; em outras palavras, forçando a correlação acidental a ligar o equilíbrio na decomposição do mercado. Hoje, essa abordagem não deve reinar sobre nossas realidades do século XXI. Para esse fim, vou provocar sua mente com novas projeções que capturam o mundo real e a atual característica dominante do Etosismo, as interações individuais.

Rise or Fall

Fig. 1

Accumulate

Fig. 2

Two commodities

Fig. 3

Price

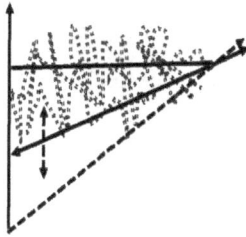

Fig. 4

Market model

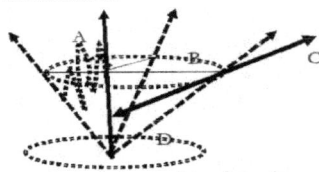

A market price

Fig. 5   B natural price   Relationship

C just price

D natural state

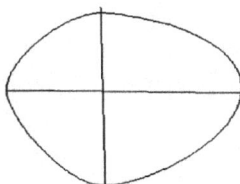

Hospital model

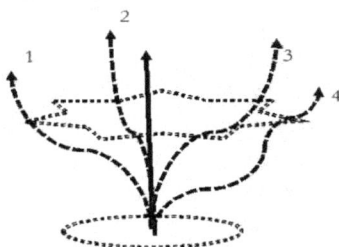

Fig. 6

1. Número de enfermeras

2. Número de camas

3. Número de jeringas

4. Número de estetoscopios

COMPLETO

Em algum momento da minha vida, descobri que a viagem não está me matando rápido o bastante, e decidi ir atrás do objetivo mais proeminente da minha vida: fazer uma diferença positiva. Longe de tentar influenciar o futuro ou consumir o objetivo de escrever uma obra-prima, este livro é uma tentativa de afetar o momento e aumentar os cérebros dos leitores.

Não consegui terminar este livro sem limpar completamente o meu armário, claro, não totalmente ao estilo de Eminem. No exercício de escrever este livro, enfrentei meu medo e ego. Para minha surpresa, entrei nessa montanha-russa selvagem para acabar sem querer onde comecei; nas vidas de pessoas que são verdadeiramente queridas para mim. Como arranco cada uma dessas linhas diretamente do meu coração manchado, não posso deixar de explodir em lágrimas - lágrimas de alegria e dor!!!

Querida Bidetty (minha mãe): Meu plano é lhe mostrar que compreendo.

Chris e Mathias: Espero que um dia encontrem uma maneira de me perdoar.

Le vieux (meu pai): Cante comigo What is Going On.

E finalmente Tara (Mere ya Palais): Você é querida.

E POR FIM

Ao longo desta jornada, não falei de nosso país, nossa cidade ou citei seu nome, minha esperança é que em meus exemplos, você de alguma forma pudesse reconhecer os rostos e as narrativas que descrevi.

Descanse em paz Sekimonyo Mugemanyi Mathias (meu gracioso avô) e Nteguye Murekatete Sophie (minha jovial avó).

Mama Vincent, Vincent e eu

NOTAS

Abuse, Poverty. "Migration: Investigating migrants'motivations to leave home in Burma." *Thailand: Karen Human Rights Group* (2009).

Allen, Robert C. *The British industrial revolution in globalperspective.* Vol. 1. Cambridge: CambridgeUniversity Press, 2009.

Adeoti, G., 2006. 3| Narrating the green gods: the (auto)biographies of Nigerian military rulers. *Intellectualsand African Development: Pretension and Resistance inAfrican Politics,* pp.49-65.

Alter, Shannon. "Marketing, Gangnam Style: making a firstimpression before your first impression." *Journal ofProperty Management* 78, no. 1 (2013): 14-15.

Androutsos, Georges. "De l'onanisme à la masturbation.Une note historique." *Andrologie* 15, no. 1 (2005): 71.

Anzovin, Steven. *South Africa: Apartheid and Divestiture*.Vol. 59, no. 1. HW Wilson Company, 1987.

Ardıc, N., 2012. Understanding the Arab Spring: Justice,dignity, religion and international politics. *AfroEurasian Studies*, *1*(1), pp.8-52.

Arndt, Heinz Wolfgang. "Economic development: asemantic history." *Economic Development andCultural Change* 29, no. 3 (1981): 457-466.

Arthur, Bacon. *The abstinence theory of Nassau Senior and itscritique by Eugen Von Bohm Bawerk*. No.1992010108000017589. Iowa State University,Department of Economics, 1992.

Avery, B. J. E., Todd P. Siebeneck, and Robert P. Tate. "Grossdomestic product by state: Advance statistics for2010 and revised statistics for 20072009." *Washington, DC: US Bureau of EconomicAnalysis* (2011).

Barwah, Mahama. "The Effect of IMF Programs in SubSahara Africa: Does IMF Intervention AchieveMacroeconomic Stability and EconomicGrowth." *The Case for Sub-Sahara Africa. Saarbrucken:LAP Lambert Academic Publishing* (2011).

Bavinck, M. and Jyotishi, A., 2014. Land, law and resistance:legal pluralism and tribal conflicts over landalienation in Odisha. In *Conflict, Negotiations andNatural Resource Management* (pp. 89-112).Routledge.

Bloom, Ken. *Routledge Guide to Broadway*. Routledge, 2013.

Alexander, Michelle. *The new Jim Crow: Mass incarceration inthe age of colorblindness*. The New Press, 2012.

Blaug, Mark, and Howard R. Vane. "Who's Who inEconomics, 4th edn, Cheltenham, UK andNorthampton, MA." (2003).

Blumenthal, Karen. *Six Days in October: The Stock Market-Crash of 1929; A Wall Street Journal Book for Children.*Simon and Schuster, 2002.

Boo, Katherine. *Behind the beautiful forevers: Life, death, andhope in a Mumbai undercity*. Random House TradePaperbacks, 2014.

Borodina, Svetlana, Oleg Shvyrkov, and Jean-Claude-Bouis. *Investing in BRIC countries: evaluating risk andgovernance in Brazil, Russia, India, & China*. McGrawhill, 2010.

Bourne, Richard. *Lula of Brazil: the story so far*. Zed Books-Ltd., 2008.

Bowley, Marian. *Nassau Senior and classical economics.*Routledge, 2013.

Benedict, Linda Foster. "The Great Deluge: HurricaneKatrina, New Orleans, and the Mississippi GulfCoast." *Journal of Applied Communications* 90, no. 1(2006): 8.

Bruckberger, R. "The Stork and the Jewels." (1951).

Chang, Ha-Joon. *Bad Samaritans: The myth of free trade and thesecret history of capitalism*. Bloomsbury PublishingUSA, 2010.

Cheah, Joseph, and Grace Ji-Sun Kim. *Theological Reflectionson "Gangnam Style": A Racial, Sexual, and Cultural Critique.* Springer, 2014.

Coleman, William. "Gauging economic performance underchanging terms of trade: real gross domestic incomeor real gross domestic product?." *Economic Papers: Ajournal of applied economics and policy* 27, no. 4 (2008):329-342.

Creedy, John. "Demand and exchange in economicanalysis." *Books* (1992).

Cruz, Anastasia C., and Mrs Linn. "South Korean Getaway."

Drucker, Ernest. *A plague of prisons: The epidemiology of massincarceration in America.* New Press, The, 2013.

Eichstaedt, Peter. *Consuming the Congo: War and conflictminerals in the world's deadliest place.* Chicago ReviewPress, 2011.

Ekelund Jr, Robert B., and Robert F. Hébert. *A history ofeconomic theory and method.* Waveland Press, 2013.

Falke, Cassandra. *Intersections in Christianity and CriticalTheory.* Springer, 2010.

Foster, James E., and Amartya Sen. "On economicinequality." (1997).

Garnier, Germain. "Germain Garnier Correspondence." (2008).

Gettings, Christine Nicole. *Burma's enigmatic dictator: Theconsolidation of Senior General Than Shwe's power.*American University, 2008.

Goldthorpe, J. E. "The sociology of post-colonialsocieties." *Cambridge Books* (1996).

Greif, Avner, and Murat Iyigun. "What Did the Old PoorLaw Really Accomplish? A Redux." (2013).

Greenhouse, Steven. "US Retailers See Big Risk in Safety-Plan for Factories in Bangladesh." *The New YorkTimes* 22 (2013).

Grey, Vivian Hoffman. *The Chemist Who Lost His Head: TheStory of Antoine Laurent Lavoisier*. Coward, McCann& Geoghegan, 1982.

Grovum, Jake. "Another round of food stamp cuts instates." *USA Today* (2014).

Hoppit, Julian. "Corruption, Party and Government inBritain, 1702–1713. By Aaron Graham. OxfordHistorical Monographs. Oxford University Press.2015. xv+ 305pp.£ 65.00." *History*101, no. 347 (2016):613-614.

Heo, Uk, and Terence Roehrig. *South Korea since 1980*.Cambridge University Press, 2010.

Hochschild, Adam. *King Leopold's ghost: A story of greed, terror, and heroism in colonial Africa*. HoughtonMifflin Harcourt, 1999.

George, Reisman. "Capitalism: A treatise oneconomics." *Jameson Books* (1990).

Gandhi, Aditi, and Michael Walton. "Where Do India'sBillionaires Get Their Wealth?." *Economic andPolitical Weekly* (2012): 10-14.

Girard, Philippe R. "Sleeping Rough in Port-au-Prince: AnEthnography of Street Children and Violence inHaiti." (2008): 201-205.

Jaffe, Meryl. "Departing The Text Blog, February 3,2013." *Accessed August* 11 (2014).

Jenkin, Fleeming. *The Graphic Representation of the Laws ofSupply and Demand,*. London school of economics and political science, 1931.

Jordan, Grant. *The British administrative system: Principles versus practice*. Routledge, 2002.

Joyce, Peter. "Namibia: Land of Contrast." *Cape Town: Struik*(1996).

Klitgaard, Robert E., Ronald MacLean Abaroa, and H.Lindsey Parris. *Corrupt cities: a practical guide to cure and prevention*. World Bank Publications, 2000.

Lassalle, Ferdinand. *What is Capital?*. New York LaborNews Company, 1900.

Kaisary, Philip. *The Haitian revolution in the literary imagination: radical horizons, conservative constraints*.University of Virginia Press, 2014.

Kuhn, Thomas S. *The structure of scientific revolutions*.University of Chicago press, 2012.

Madsen, Axel. *John Jacob Astor: America's FirstMultimillionaire*. John Wiley & Sons, 2002.

Mallett, Margaret. "Beatrice's Dream: A Story of Kibera Slum." *The School Librarian* 59, no. 2 (2011): 110.

Marshall, Alfred, and C. W. Guillebaud. *Principles ofEconomics. 9th (variorum) ed*. Macmillan, 1961.

Marshall, Alfred. *The pure theory of foreign trade: The puretheory of domestic values*. Augustus M Kelley Pubs,1930.

McElvaine, Robert S. *The great depression: America, 19291941*. Broadway Books, 1993.

Morgan, Giles. *Freemasonry*. Oldacastle Books, 2012.

Niehans, Jürg. *A history of economic theory: Classic contributions, 1720-1980*. Baltimore: Johns Hopkins University Press, 1990.

Ott, Thomas O. *The Haitian Revolution, 1789-1804*. Univ. ofTennessee Press, 1973.

Pande, Rekha, ed. *Globalization, Technology Diffusion andGender Disparity: Social Impacts of ICTs: Social Impactsof ICTs.* IGI Global, 2012.

Pelle, Stefano. *Understanding emerging markets: building business BRIC by brick.* Sage, 2007.

Piketty, Thomas. "About capital in the twenty-first century." *American Economic Review* 105, no. 5 (2015):48-53.

Pound, Reginald. *Selfridge: a biography.* Heinemann, 1960.

Obsession, Red, and Wine Industry. "Book and FilmReviews." *Journal of Wine Economics* 8, no. 3 (2013):355-360.

Ricardo, David. *Principles of political economy and taxation.* G.Bell, 1891.

Robbins, Baron Lionel Robbins. *Wages: an introductory analysis of the wage system under modern capitalism.*Vol. 6. Jarrolds, 1926.

Rothbard, Murray Newton. *An Austrian perspective on the history of economic thought.* Ludwig von Mises Institute, 1995.

Rubin, Isaak Illich. "Abstract labour and value in Marx's system." *Capital & Class* 2, no. 2 (1978): 107-109.

Schwarz, Richard W. "Dr. John Harvey Kellogg as a SocialGospel Practitioner." *Journal of the Illinois StateHistorical Society (1908-1984)* 57, no. 1 (1964): 5-22.

Senior, Nassau William. *An outline of the science of politicaleconomy*. W. Clowes and sons, 1836.

Schneider, Erich. "Hans von Mangoldt on price theory: acontribution to the history of mathematical economics." *Econometrica: Journal of the Econometric Society* (1960): 380-392.

Joseph, Schumpeter. "History of Economic Analysis." *New York* (1954).

Schumpeter, Joseph A. *Capitalism, Socialism, and Democracy.3d Ed*. New York, Harper [1962], 1950.

Smith, Adam. "The Wealth of Nations: The Economics-Classic-A selected edition for the contemporary reader." *Chichester: Capstone* (2010).

Sothern, Billy. *Down in New Orleans: Reflections from a drowned city*. Univ of California Press, 2007.

Stanwick, Peter, and Sarah Stanwick. "The garment industry in Bangladesh: A human rights challenge." *Journal of Business & Economic Policy* 2, no. 4 (2015): 40-44.

Stearns, Peter N. *Encyclopedia of European social history from1350 to 2000*. Vol. 6. Scribner Book Company, 2001.

Steytler, Nico. "The Freedom Carter and Beyond:Founding Principles for a Democratic SouthAfrican Legal Order." *JS Afr. L.* (1992): 753.

Strong, Bryan, Christine DeVault, Barbara Werner

Sayad,and W. L. Yarber. *Human sexuality: Diversity in contemporary America*. Mayfield Pub., 1999.

Tertrais, Bruno. *Uranium from Niger: A key resource of diminishing importance for France*. DIIS, 2013.

Thobejane, Tsoaledi Daniel, and Takayindisa Flora. "An exploration of polygamous marriages: A worldview. " *Mediterranean Journal of SocialSciences* 5, no. 27 P2 (2014): 1058.

Tilly, Charles. "The Crowd in History. A Study of Popular-Disturbances in France and England, 1730-1848."(1968): 296-302.

Tissot, Samuel Auguste David. *L'onanisme, dissertation surles maladies produites par la masturbation*. Vol. 4. ChezP. Fr. Didot le jeune, 1770.

Totten, Michael J., David Schenker, and Hussain Abdul Hussain. "Arab spring or Islamist winter? Three views." *World Affairs* (2012): 23-42.

von Böhm-Bawerk, Eugen. *Capital and interest: A critical history of economical theory*. Macmillan andCompany, 1890.

Wedeman, Andrew Hall. *Double Paradox*. CornellUniversity Press, 2012.

Whately, Richard. *Introductory lectures on political economy*.1855.

Wilson, Richard. *The politics of truth and reconciliation inSouth*

*Africa: Legitimizing the post-apartheid state.*Cambridge University Press, 2001.

Wood, Geoffrey. "Business and politics in a criminal state:the case of Equatorial Guinea." *African Affairs* 103, no. 413 (2004): 547-567.

Worden, Nigel. *The making of modern South Africa: conquest, apartheid, democracy.* John Wiley & Sons, 2011.

Witness, Global. "The secret life of a shopaholic: how an African dictator's playboy son went on a multimillion dollar shopping spree in the US'." *London: Global Witness* (2009).

Zivi, Karen, and Anna Marie Smith. "Welfare Reform and Sexual Regulation." *Politics & Gender* 4, no. 4 (2008):661.